*Este libro*

*pertenece a*

_____

*…una mujer conforme*
*al corazón de Dios.*

## Otros libros de Elizabeth George:

# 1 PEDRO

# Cultiva un Espíritu afable y apacible

## ELIZABETH GEORGE

EDITORIAL
**PORTAVOZ**

La misión de *Editorial Portavoz* consiste en proporcionar productos de calidad —con integridad y excelencia—, desde una perspectiva bíblica y confiable, que animen a las personas a conocer y servir a Jesucristo.

Título del original: *Putting On a Gentle and Quiet Spirit* © 2000 por Elizabeth George y publicado por Harvest House Publishers, Eugene, Oregon 97402. Traducido con permiso.

Edición en castellano: *1 Pedro: Cultiva un espíritu afable y apacible* © 2011 por Editorial Portavoz, filial de Kregel Inc., Grand Rapids, Michigan 49505. Todos los derechos reservados.

Traducción: Nohra Bernal

EDITORIAL PORTAVOZ
2450 Oak Industrial Dr., NE
Grand Rapids, Michigan 49505 USA
Visítenos en: www.portavoz.com

ISBN 978-0-8254-5966-5

2 3 4 5 / 25 24 23 22

*Impreso en los Estados Unidos de América*
*Printed in the United States of America*

# Agradecimientos

¿Cómo puede un autor dar las gracias a la casa editorial por su apoyo constante, ánimo inquebrantable, y visión ilimitada? No lo sé, pero quiero intentarlo. "¡Gracias, Harvest House Publishers!". Quiero agradecer a Bob Hawkins, Jr., Carolyn McCready, LaRae Weikert, y Steve Miller. Y también a Terry Glaspey, Betty Fletcher, y Bárbara Sherrill. También quiero reconocer a Julia McKinney, Teresa Evenson y John Constance por su labor en dar a conocer esta obra. Gracias a todos por ayudarme con paciencia y detenimiento con mis libros. Y ahora, gracias por poner alas a esta serie de estudio bíblico para que las mujeres puedan llegar a conocer a nuestro Señor y Salvador incluso mejor.

# Contenido

# Prólogo

esde hace tiempo he buscado estudios bíblicos de uso diario que me permitan conocer mejor la Palabra de Dios. En esto me hallé entre dos extremos: estudios bíblicos que requerían poco tiempo pero superficiales, o estudios profundos que exigían más tiempo del que disponía. Descubrí que no era la única y que, como muchas mujeres, vivía muy ocupada pero deseosa de pasar tiempo provechoso en el estudio de la Palabra de Dios.

Por eso me emocionó tanto saber que Elizabeth George quisiera escribir una serie de estudios bíblicos para mujeres con lecciones profundas que solo requerían 15 o 20 minutos diarios. Después que ella completara su primer estudio sobre Filipenses estaba ansiosa por conocerlo. Aunque ya había estudiado Filipenses, por primera vez entendí bien la organización del libro y su verdadera aplicación para mi vida. Cada lección era sencilla pero profunda, ¡y escrita especialmente para mí como mujer!

En la serie de estudios bíblicos de Una mujer conforme al corazón de Dios® Elizabeth nos guía en un recorrido por las Escrituras, y comunica la sabiduría que ha adquirido en más de 20 años como maestra bíblica para mujeres. Las lecciones abundan en contenidos muy valiosos, porque se fundamentan en la Palabra de Dios y son el fruto de la experiencia de Elizabeth. Su estilo de comunicación personal y afable hacen sentir como si estuviera a tu lado estudiando contigo, como si en persona te orientara en la mayor aspiración que pudieras tener en la vida: ser una mujer conforme al corazón de Dios.

Si buscas estudios bíblicos que pueden ayudarte a cimentar tu conocimiento de la Palabra de Dios en medio de tantas ocupaciones, estoy segura de que esta serie será una grata compañía en tu andar diario con Dios.

—LaRae Weikert
Directora Editorial,
Publicaciones Harvest House

# Preámbulo

En mi libro *Una mujer conforme al corazón de Dios*® hablo de esta clase de mujer como alguien que tiene el cuidado de poner a Dios en el trono de su corazón y como su máxima prioridad en la vida. También mencioné que una forma de lograrlo sin falta es alimentar un corazón anclado en la Palabra de Dios. Esto supone que desarrollemos unas raíces profundas en las Escrituras.

Antes de emprender nuestro estudio bíblico, dedica un momento a pensar en los siguientes aspectos concernientes a las raíces y al estudio diario y constante de la Palabra de Dios:

- *Las raíces no están a la vista.* Será necesario que apartes tiempo a solas, "en lo secreto", si deseas sumergirte en la Palabra de Dios y crecer en Él.

- *La función de las raíces es absorber nutrientes.* A solas, y con tu Biblia en mano, podrás alimentarte de las verdades de la Palabra de Dios y asegurar tu crecimiento espiritual.

- *Las raíces sirven para almacenar.* A medida que adquieres el hábito de escudriñar la Palabra de Dios, descubrirás que acumulas una inmensa y profunda reserva de esperanza divina y fortaleza para los tiempos difíciles.

- *Las raíces sirven de sostén.* ¿Quieres permanecer firme en el Señor y en medio de las presiones de la vida? El cuidado diario de tus raíces espirituales mediante el estudio de la Palabra de Dios te convertirá en una mujer extraordinaria y firme.[1]

Me alegra que hayas escogido este volumen de mi serie de estudios bíblicos de *Una mujer conforme al corazón de Dios*®. Mi oración es que las verdades que encuentres en la Palabra de Dios a través de este estudio te acerquen más a la semejanza de su amado Hijo y te faculten para ser la mujer que anhelas: una mujer conforme al corazón de Dios.

En su amor,

*Elizabeth George*

# Lección 1

# Contar con la gracia y la paz de Dios

*E*nhorabuena, querida amiga. Puesto que has escogido y comenzado un estudio titulado *Luce un espíritu afable y apacible*, sin duda eres una mujer muy especial. Lo eres, porque cuando Dios vive en nosotras, su Espíritu pone en nuestro interior el anhelo de manifestar estas dos cualidades preciosas en nuestra vida, al igual que muchos otros atributos y conductas piadosas que el apóstol Pedro nos presenta en su primera epístola. Para nuestro estudio resultará útil saber lo que sigue…

En palabras de J. A. Bengel, teólogo y maestro del siglo XVIII:

> *Afable* (o manso) tiene que ver con la condición de la mente y del corazón, y
> *Apacible* tiene que ver con una tranquilidad que brota del interior, que no causa turbación en los demás.[2]

> *Afable* (o manso) significa no crear agitación.
> *Apacible* significa sobrellevar con calma la agitación causada por otros.

11

*Afable* (o manso) involucra los afectos y sentimientos. *Apacible* se refleja en las palabras, el semblante, y las acciones.[3]

Pero antes de adentrarnos en la sustancia de los escritos de Pedro, es bueno resaltar algunos hechos acerca del poderoso libro de 1 de Pedro. Muchos maestros de la Biblia creen que Pedro escribió estas palabras alrededor del año 65 d.C., por la época en que Nerón comenzó a perseguir a los cristianos. El cristianismo empezaba a ser considerado como una entidad religiosa aparte del judaísmo. En consecuencia, los cristianos ya no gozaban de la protección del gobierno y, por el contrario, fueron objeto de persecución por parte de éste. Prepárate para aprender mucho acerca de cómo enfrentar triunfante el sufrimiento, las pruebas, y la persecución. También sobre el comportamiento santo, el espíritu afable y apacible, y la gloria sublime que Dios nos promete como recompensa.

Y ahora, si quieres saber a quiénes fue escrita esta carta y un poco acerca de estas personas especiales, prosigue tu lectura.

## 1 Pedro 1:1-2

1  Pedro, apóstol de Jesucristo, a los expatriados de la dispersión en el Ponto, Galacia, Capadocia, Asia y Bitinia,

2  elegidos según la presciencia de Dios Padre en santificación del Espíritu, para obedecer y ser rociados con la sangre de Jesucristo: Gracia y paz os sean multiplicadas.

## El mensaje de Dios...

1. En primer lugar, ¿quién escribe esta carta y cómo se refiere a sí mismo (v. 1)?

¿Qué palabras emplea él para dirigirse a sus lectores (v. 1)?

Escribe dónde vivían (v. 1).

2. En el versículo 2, Pedro emplea otro término para describir a sus lectores. Anótalo aquí.

3. Observa la función de cada uno de los miembros de la trinidad (v. 2):

Dios Padre nos _____ conforme a su _____

El Espíritu nos _____ a fin de que _____ y que

Jesucristo nos _____ con su _____

4. ¿Cómo saluda Pedro a sus lectores (v. 2)?

5. ¿Qué aprendes acerca de Dios en estos versículos?

Estas son algunas reflexiones que nos ayudarán a empezar nuestro estudio de la carta de Pedro, siempre tan oportuna:

*El autor*: siendo pescador de profesión, Jesús llamó a Pedro para enseñarle a pescar hombres en lugar de peces (Mt. 4:19). A partir de ese momento, Simón Pedro, o Pedro, fue uno de los doce discípulos del Señor, junto a su hermano Andrés.

*Los destinatarios*: muchos creen que esta carta fue escrita a creyentes judíos y gentiles. El término "dispersión" (v. 1) o *diáspora* hace referencia a estos cristianos que vivían fuera de Jerusalén en las cinco provincias romanas mencionadas: Ponto, Galacia, Capadocia, Asia y Bitinia. Pedro esperaba que su carta circulara entre estos hermanos. También se denomina a estos creyentes *peregrinos* o *extranjeros*, lo cual subraya su relación con el mundo: son ajenos a él. Y eran *elegidos* o, en sentido literal, "seleccionados" y "escogidos", un privilegio que empezó en el plan y el propósito originales de Dios.

## ...*y la respuesta de tu corazón*

• Amada, ¿padeces algún tipo de persecución? ¿experimentas algún sufrimiento? Si es así, ¿de qué manera te anima el saludo en oración de Pedro?

• ¿Cómo crees tú que los amigos de Pedro que eran persegui-dos se sintieron animados por él?

• ¿Cómo crees que las dos virtudes que menciona Pedro en el versículo 2 podrían prepararlos (y a ti también) para enfrentar la persecución?

Es maravilloso meditar en la gracia y la paz de Dios. Son dos de las palabras más bellas que Dios nos habla, palabras que conmueven nuestra alma. ¡Pero profundicemos un poco más!

La *gracia* es activa, y significa "favor". De modo que sin importar tu situación, sea cual sea el momento que vives, tú cuentas con el favor de Dios. Tienes todo lo que necesitas para poder soportar, enfrentar, tener la victoria y triunfar. Y Pedro ora porque la gracia de Dios sea multiplicada, en una medida mayor, que experimentes más y más de ella, una y otra vez, en toda su plenitud.

Por otro lado, la *paz* es pasiva, y alude al descanso. Así pues, querida, no importa cuál sea tu situación, o el momento que vives, o tu necesidad, porque tienes la paz de Dios, el descanso de Dios *en* tu sufrimiento. Sea cual sea la prueba o la dificultad, tienes *en* ella no solo el poder, sino el descanso de Dios.

## *Reflexión*

Ya hablaremos más acerca de lo que significa tener un "espíritu afable y apacible" y cómo cultivar esta preciosa actitud. Pero por ahora quiero hablarte acerca de una reacción muy común que tienen las mujeres cuando piensan acerca de esta clase de espíritu. Muchas veces, las expresiones que surgen al respecto son "¡pero yo no puedo ser así! Yo no puedo estar tranquila cuando hay problemas". Eso es cierto, si dependemos de nuestra propia fuerza.

No obstante, cuando nos apropiamos de estos dos potentes recursos de Dios, que son su gracia y su paz, podemos adquirir un espíritu afable y apacible. Demos gracias a Dios que nos ha concedido estos dones para tener la certeza de que lo lograremos. Así que, para encaminarnos en nuestro estudio, procuremos tener presentes tres cosas en cada lección:

• Debemos contar con la gracia de Dios. Es nuestra, está ahí, a nuestro alcance.

• Debemos orar pidiendo la gracia de Dios. Así como una lata de refresco se expande cuando la agitamos, nuestra sensibilidad a la gracia de Dios se incrementa cuando la "agitamos" por medio de la oración.

• Debemos seguir adelante en la vida, a pesar del sufrimiento. Es posible, e importante, tener algo positivo que mostrar en nuestros momentos de dificultad.

Priscila era una mujer como tú y como yo, aunque era exiliada, extranjera, forastera y una peregrina que había sido expulsada de su patria y enviada lejos (Hch. 18:2). Sin embargo, su peregrinaje la llevó directo a cruzarse en el camino del apóstol Pablo, cuando permitió establecer una iglesia en su casa y ejercer un gran ministerio al lado de su esposo (Ro. 16:4-5).

También Juan, el discípulo de Jesús (a quien Él amaba, Jn. 13:23), fue enviado al exilio a la isla de Patmos (Ap. 1:9). Allí, anciano y solo, prisionero por amar y seguir a Jesús, Juan vivió una de las experiencias de adoración más increíbles que haya registrado la Biblia. Se le concedió una visión de Dios, que luego él plasmó en el libro de Apocalipsis.

Así es, amiga mía que sufres, *si* sufrimos por hacer el bien y recibimos el poder de la gracia de Dios, y gozamos de su paz, *si* nos vestimos de un espíritu afable y apacible, *si* descansamos en el Señor y no en nuestros esfuerzos y emociones humanos, *si* esperamos en Él para comprender y sacar provecho de nuestros tiempos difíciles, *entonces* tendremos al final una gran recompensa. Cada vez que enfrentamos tiempos difíciles, queda en evidencia que la gloria del Señor se revela al final. Como declaró el salmista: "Gustad, y ved que es bueno Jehová; dichoso el hombre que confía en él" (Sal. 34:8).

# Lección 2

# Esperar el final

¿Qué te parece este título o artículo: "Tres razones por las que puedes soportarlo todo"? ¡A mí me suena a un éxito de ventas! Esa es la clase de información que yo tomaría (y también para cada una de mis amigas o cada persona que conozco que está sufriendo de alguna forma).

Bueno, querida amiga, al iniciar esta lección, Pedro tiene un mensaje poderoso y esperanzador para nosotras cuando sufrimos por hacer lo que es bueno. Nos da tres razones por las cuales podemos soportar cualquier dificultad que se nos presente.

**Razón #1:** Podemos soportarlo todo en virtud de aquello que podemos esperar: la magnífica herencia de una vida con Dios.

**Razón #2:** Podemos soportarlo todo si recordamos que cada prueba es, de hecho, un examen.

**Razón #3:** Podemos soportarlo todo porque, al final, cuando Jesús aparezca, recibiremos de Él alabanza, gloria, y honra.

En la lección anterior aprendimos acerca de nuestra maravillosa posición en Cristo y la maravillosa gracia y paz que Él nos concede en cada circunstancia, sin importar cuál sea. Y ahora Pedro prosigue su carta de aliento dando tres razones que nos permiten hacer frente a lo que sea en la vida. Lee, reflexiona, y deléitate en la bondad de la provisión del Señor.

## 1 Pedro 1:3-9

³ Bendito el Dios y Padre de nuestro Señor Jesucristo, que según su grande misericordia nos hizo renacer para una esperanza viva, por la resurrección de Jesucristo de los muertos,

⁴ para una herencia incorruptible, incontaminada e inmarcesible, reservada en los cielos para vosotros,

⁵ que sois guardados por el poder de Dios mediante la fe, para alcanzar la salvación que está preparada para ser manifestada en el tiempo postrero.

⁶ En lo cual vosotros os alegráis, aunque ahora por un poco de tiempo, si es necesario, tengáis que ser afligidos en diversas pruebas,

⁷ para que sometida a prueba vuestra fe, mucho más preciosa que el oro, el cual aunque perecedero se prueba con fuego, sea hallada en alabanza, gloria y honra cuando sea manifestado Jesucristo,

⁸ a quien amáis sin haberle visto, en quien creyendo, aunque ahora no lo veáis, os alegráis con gozo inefable y glorioso;

⁹ obteniendo el fin de vuestra fe, que es la salvación de vuestras almas.

## *El mensaje de Dios...*

1. En la Lección 1 aprendimos que los destinatarios de la carta de Pedro eran extranjeros, peregrinos y advenedizos. A estos amados extranjeros también se les prometía una herencia en el cielo (v. 4). Descríbela a continuación:

   a._____ c. _____

   b._____ d. _____

   Entre tanto, ¿qué hacía Dios por aquellos santos en la tierra (v. 5)?

2. Pasando al versículo 7, ¿cómo describe Pablo la fe del creyente?

3. A continuación, Pedro señala algunos hechos acerca de nuestra relación con Cristo (v. 8):

   Aunque no lo he _____, yo _____.

   Aunque ahora no lo _____, yo _____ en Él.

   Por tanto, me _____ con _____.

4. ¿Qué aprendes acerca de Dios en estos versículos?

## *...y la respuesta de tu corazón*

- Observa cómo Pedro hace referencia al sufrimiento (v. 6). Escribe cómo su perspectiva debería alentarnos a hacer lo correcto y a sortear las pruebas. ¿Cómo pondrás por obra esta verdad en una prueba presente o futura?

- ¿Notaste la referencia de Pedro a la gloria segura que traerá la prueba de tu fe (v. 7)? Es emocionante, ¿no te parece? ¿De qué manera esta visión del crisol del sufrimiento nos alienta a enfrentar toda clase de pruebas? ¿Cómo pondrás por obra esta verdad en una dificultad presente o futura?

## *Reflexión*

Aunque desearíamos que no fuera cierto, el sufrimiento es parte de la vida. Así lo dijo Jesús: "En el mundo *tendréis* aflicción" (Jn. 16:33, cursivas añadidas). Sin embargo ¿no te alegra saber que Jesús dijo también: "pero confiad, yo he vencido al mundo"? Pedro estaba presente cuando su Señor pronunció estas bellas palabras, y las palabras de Pedro aquí en su epístola reflejan la misma verdad. Sí, hay sufrimiento, pero podemos experimentar gran gozo en nuestras pruebas cuando, en primer lugar, la causa de nuestro sufrimiento es hacer el bien, y segundo, cuando aguardamos el final y recordamos la gran gloria venidera.

En los apuntes personales que el gran predicador D. L. Moody escribió en el margen de su Biblia, hallaron estos tres pensamientos acerca del sufrimiento y la gloria:

*D*ios ha establecido en el cielo determinadas pruebas de nuestra fe, las cuales nos sobrevendrán con la misma certeza que la corona de gloria que recibiremos cuando Cristo aparezca. Los propósitos de la gracia de Dios son una cadena dorada, y no debe faltar ningún eslabón.

Cuando el diablo pone a prueba nuestra fe es porque quiere aplastarla o minarla, mas cuando Dios prueba nuestra fe es para establecerla y aumentarla.

La persecución será para nosotros como el diluvio fue para el arca: una inundación que nos elevará al cielo.[4]

—D. L. Moody

Querida, todas las cosas que pertenecen a la vida y a la piedad nos han sido dadas por su divino poder (2 P. 1:3). Y "todas" incluye la gracia para soportar el sufrimiento por hacer lo recto. Así pues, cuando las pruebas lleguen a nuestra vida, podemos por la gracia de Dios vestirnos de un espíritu afable y apacible, renunciar a cualquier agitación y sobrellevar con tranquilidad la agitación que otros causan. ¡Mira al Señor! Y mira la gloria que Él promete a sus hijos que sufren.

# Lección 3

# Vislumbrar el misterio de la redención

## 1 Pedro 1:10-12

En este capítulo contemplamos el "misterio" de nuestra salvación. Como veremos en un momento, nuestra salvación fue lograda de una manera que dejó perplejos a los profetas, a los predicadores antiguos, y a los ángeles.

Al meditar en nuestra salvación como fue descrita en estos tres magistrales versículos, notaremos que Cristo llevó a cabo la obra de la redención por medio de sus sufrimientos, y que éstos han sido revelados no solo en este pasaje, sino a lo largo de las Escrituras:

> Vemos en el Pentateuco
> las figuras de los sufrimientos de Cristo;
> Vemos en los Salmos
> los sentimientos del Cristo que sufre;
> Vemos en los profetas
> los pronósticos de los sufrimientos de Cristo;

Vemos en los Evangelios
los hechos de los sufrimientos de Cristo;
Vemos en las epístolas
los frutos de los sufrimientos de Cristo;
Vemos en el libro de Apocalipsis
el cumplimiento de los sufrimientos de Cristo,
y la gloria que ha de venir.[5]

## 1 Pedro 1:10-12

[10] Los profetas que profetizaron de la gracia destinada a vosotros, inquirieron y diligentemente indagaron acerca de esta salvación,

[11] escudriñando qué persona y qué tiempo indicaba el Espíritu de Cristo que estaba en ellos, el cual anunciaba de antemano los sufrimientos de Cristo, y las glorias que vendrían tras ellos.

[12] A éstos se les reveló que no para sí mismos, sino para nosotros, administraban las cosas que ahora os son anunciadas por los que os han predicado el evangelio por el Espíritu Santo enviado del cielo; cosas en las cuales anhelan mirar los ángeles.

## El mensaje de Dios...

1. Según 1 Pedro 1, versículo 9, el fin de nuestra fe es la salvación de nuestras almas. Si avanzamos en este pasaje, el versículo 10 explica en mayor profundidad esa salvación y el interés que ha despertado a lo largo de la historia. ¿Cómo manifestaron los profetas su interés (v. 10)?

¿Y los ángeles (v. 12)?

2. ¿Cuál era el contenido del mensaje de los profetas (v. 10)?

¿Cuál era su fuente de información (vv. 11-12)?

3. Aparece (y continúa apareciendo) mucho acerca del sufrimiento y la gloria en el libro de 1 de Pedro. ¿Qué información adicional encontramos acerca de cada uno en este pasaje?

Sufrimiento

Gloria

4. ¿Qué aprendemos acerca de Dios en estos versículos?

## ...*y la respuesta de tu corazón*

Querida amiga, ¿meditas mucho en tu salvación? Estoy segura de que pensarás muy diferente respecto a ella ahora que sabes que:

Los profetas del Antiguo Testamento hablaron acerca de la salvación sin entenderla completamente;

El Espíritu Santo los movió a hablar de la salvación por gracia (¡y movió tu corazón a responder a ella!)

Los predicadores del Nuevo Testamento tuvieron el privilegio de anunciarla, y

Los ángeles (que no pueden ser partícipes de ella) están interesados en la obra de Dios en nuestra vida.

La próxima vez que te presentes ante Dios en oración, dale gracias por su maravilloso don de la salvación. Luego sigue el ejemplo de lo que explicó un santo de la antigüedad: "La doctrina de la salvación del hombre por medio de Jesucristo ha sido el estudio y la admiración de los hombres más grandes y más sabios. La nobleza del tema y su propio interés en ella los ha cautivado, y la han escudriñado con el mayor cuidado y seriedad... Si los profetas inspirados tuvieron que [investigar y examinar la salvación con tal diligencia], cuánto más nosotros que somos tan débiles y descuidados".[6]

Traza algún "plan de estudio" para aprender más acerca de algunos temas tratados en este poderoso pasaje de las Escrituras; temas como:

—El sufrimiento de Jesucristo
—Las vidas y los sufrimientos de los profetas
—La naturaleza de los ángeles
—El papel del Espíritu Santo en la vida del creyente

¿No te sientes agradecida por la Palabra de Dios? ¡Estúdiala por el resto de tu vida! ¡Será glorioso llegar al cielo y ver mejor lo invisible y conocer mejor lo incognoscible!

## Reflexión

Es difícil entender todo lo que abarcan estos tres preciosos versículos. Aún así, podemos poner en práctica las siguientes lecciones que nos enseñan:

### Lecciones de 1 Pedro 1:1-12

1. Valora la esperanza del cristiano. Las esperanzas terrenales no son más que castillos en el aire; son esquivas y vanas. La esperanza viva permanece.

2. Da gracias por la esperanza de gloria que solo procede de su misericordia, que nos alienta en nuestras tribulaciones y en la proximidad de la muerte. Da gracias en todo.

3. La herencia celestial está reservada para los elegidos de Dios. Gócense ellos eternamente.

4. Las pruebas de los elegidos son preciosas, y su fin es alabanza, honra y gloria. Gócense ellos en el dolor.

5. El amor de Cristo produce el gozo más santo. Busquemos ese gozo procurando amarlo a Él más y más.

6. Los profetas y los ángeles gozan indagando los misterios de nuestra redención. Sigamos su ejemplo.[7]

# Actuar con responsabilidad

## 1 Pedro 1:13-16

Cuando nuestras hijas eran pequeñas, mi esposo y yo les recordábamos con frecuencia el viejo principio: "Con los privilegios vienen las responsabilidades" (ver Lc. 12:47-48). Bueno, amiga mía, eso es exactamente lo que Pedro dice ahora a los destinatarios de su pequeña primera carta. Acaba de dedicar doce versículos a hacerles (y hacernos) ver todas las bendiciones que nos han prodigado el corazón y la mente de Dios. No solo gozamos del nuevo nacimiento y de la esperanza viva de un Salvador vivo (1 P. 1:3), sino que también poseemos la gloriosa herencia que está reservada para nosotros (v. 4) y la protección de Dios mismo (vv. 5-12). ¡Qué maravillosos privilegios tenemos como creyentes en Jesucristo!

Sin embargo, decíamos que "con los privilegios vienen las responsabilidades". *Por tanto*, escribe Pedro, hay algunas cosas que debes *hacer* en respuesta a y por causa de estas abundantes bendiciones. Lo que sigue es una especie de "lista de tareas" de Pedro para aquellos que pertenecemos al Señor y deseamos adoptar sus cualidades divinas como nuestras.

## 1 *Pedro* 1:13-16

¹³ Por tanto, ceñid los lomos de vuestro entendimiento, sed sobrios, y esperad por completo en la gracia que se os traerá cuando Jesucristo sea manifestado;

¹⁴ como hijos obedientes, no os conforméis a los deseos que antes teníais estando en vuestra ignorancia;

¹⁵ sino, como aquel que os llamó es santo, sed también vosotros santos en toda vuestra manera de vivir;

¹⁶ porque escrito está: Sed santos, porque yo soy santo.

## El mensaje de Dios...

1. ¿Puedes encontrar los cinco mandamientos dados en los versículos anteriores?

   a.

   b.

   c.

   d.

   e.

2. ¿Qué dice Pedro en el versículo 13 acerca de tu proceso de pensamiento? ¿Hacia dónde afirma él que deberías dirigir tu mente?

3. Con respecto a la conducta, ¿cuál dice Pedro que debe ser la meta que debe concentrar todos tus esfuerzos (v. 15)? ¿Y acerca de qué aspecto de la vida tratan los versículos 15 y 16?

4. ¿Qué aprendes acerca de Dios en estos versículos?

## ...*y la respuesta de tu corazón*

• Cuando Pedro instruyó a sus lectores a "ceñir los lomos" de su entendimiento, les habló en una época en la que tanto hombres como mujeres vestían túnicas largas y sueltas. Para llevar a cabo alguna actividad intensa, era necesario ceñirse o amarrarse, y atar con un cinto esos dobladillos. Era su manera de "arremangarse la camisa" para trabajar, de tomar en serio el trabajo que tenían por delante. ¿Cómo crees que podrías ceñir los lomos de tu *entendimiento*? ¿Cómo crees que esto te ayudaría a demostrar tu fe?

• A continuación, Pedro aconseja a quienes leen su carta (y eso nos incluye) a ser "sobrios". El llamado de Pedro a la sobriedad abarcaba la lucidez moral y mental. En otras palabras, como cristianas, tú y yo no debemos vivir dando rienda suelta a nuestros deseos, sino en autocontrol y disciplina. Nuestra vida debe caracterizarse por la sobriedad. ¿Cómo crees que podrías atender mejor al llamado de Pedro? ¿Cómo crees que esto te ayudaría a demostrar tu fe?

• Pedro prosigue con el tema de la esperanza. Su instrucción es "esperar por completo" o depositar toda la esperanza en el Señor y su gracia. Como cristianas debemos centrar nuestra mente en los planes de Dios para nosotras, cambiar nuestro estilo de vida para glorificarle, y perseverar durante y a través de las pruebas y dificultades que se nos presentan. Bueno, querida, con nuestra esperanza puesta en el Señor podemos vivir confiadas. ¿Tienes tu mente y tu esperanza centradas por completo en Él? ¿Hay cambios que debas hacer en tu vida mental y espiritual?

• Por último, y más importante, es el tema dominante del libro de 1 Pedro. El apóstol llama a los creyentes de su tiempo, y de todos los tiempos, a ser santos como Dios en lugar de buscar la maldad y las codicias que eran parte de su vida pasada: "Sed santos porque yo soy santo". Este fue el llamado de Pedro citado directamente del Antiguo Testamento (Lv. 11:44; 19:2; 20:7). La raíz del significado de la palabra *santo* es ser apartado para Dios en conducta y obediencia. Por lo tanto, un cristiano es alguien que vive una vida llena de Cristo. ¿Hay algún área de tu vida en la que debas ser más obediente o demostrar más santidad en tu conducta?

## *Reflexión*

Querida, ¿no te parece lógico que lo que hay en el interior se manifieste en la vida exterior? Cuando Dios viene a morar en nosotras, ¿no debería cambiar nuestra vida? Y cuando consideramos el precio que pagó el Señor por nuestra redención, ¿no debería esto motivarnos a vivir en obediencia fiel a Él? Este es el mensaje de Pedro para nosotras. Él nos señala todo lo que hemos recibido y lo que sucede en nosotras cuando nacemos de nuevo: el nuevo nacimiento, la herencia, y el hecho de que somos guardadas para el cielo, y que el cielo está reservado para nosotras. Es preciso que todo esto, y así lo considera Pablo, produzca un cambio radical en nuestra vida.

Es cierto que se nos ha concedido una posición en Cristo porque somos cristianas. Sin embargo, también es cierto que nuestra relación con Él requiere determinada conducta, determinadas prácticas y esfuerzos, la conformidad a su semejanza, comportamientos apropiados, y cambios en nuestra conducta. ¿Qué pide el Señor de nosotras?

Que nos preparemos y dispongamos nuestra mente para actuar, para correr la carrera de fondo.

Que nos concentremos por completo en vivir a la manera de Cristo.

Que nos consideremos apartadas *del* pecado y de su influencia, y consagradas *al* servicio de Dios.

Querida amiga, estamos llamadas por Dios, somos escogidas por Él, salvas por Él, y declaradas santas como propiedad suya. Por lo tanto, debemos vivir para Dios. Pongamos nuestra mente a trabajar, a "obrar" cada día conforme a su semejanza.

# Lección 5

## Vivir en la presencia de Dios

### 1 Pedro 1:17-21

miga mía ¿qué significa para ti tu salvación? ¿De qué manera afecta a tu vida diaria saber que Jesús entregó su vida y derramó su preciosa sangre por ti? Antes de empezar esta lección, quiero que hablemos de dos personas santas que meditaron acerca de estos dos hechos y que, a raíz de ello, se apresuraron a hacer profundos cambios en sus vidas.

La primera es Jenny Lind, una espectacular cantante de principios del siglo XIX que era conocida como "el ruiseñor sueco" y "la reina de la canción". Cuando a la señorita Lind le preguntaron por qué había abandonado el escenario en la cima de su éxito, ella contestó, apuntando con su dedo a la Biblia: "Cuando cada día mi carrera me hacía pensar menos en esto, ¿qué más podía yo hacer?".

La segunda es un capitán del ejército perteneciente a la misma época de la señorita Lind, llamado Hedley Vicars. Cuenta la historia que un día, mientras esperaba sentado en la habitación de un hotel la llegada de otro oficial, hojeaba su Biblia. Sus ojos se detuvieron en estas palabras: "La sangre de Jesucristo su Hijo nos limpia de todo pecado". Al cerrar su libro prometió: "Si esto es cierto para mí, de ahora en adelante viviré, por la gracia de Dios, como un hombre que ha sido limpiado con la sangre de Cristo".

Amada, ¡la maravillosa realidad de la muerte de Jesús por nosotros debería cambiar nuestra vida por completo! Hoy aprendemos acerca del alto precio que se pagó para comprar nuestra salvación, y el alto precio que a su vez deberíamos estar dispuestas a pagar nosotras. Sigue leyendo ¡si te atreves!

### *1 Pedro 1:17-21*

17 Y si invocáis por Padre a aquel que sin acepción de personas juzga según la obra de cada uno, conducíos en temor todo el tiempo de vuestra peregrinación;

18 sabiendo que fuisteis rescatados de vuestra vana manera de vivir, la cual recibisteis de vuestros padres, no con cosas corruptibles, como oro o plata,

19 sino con la sangre preciosa de Cristo, como de un cordero sin mancha y sin contaminación,

20 ya destinado desde antes de la fundación del mundo, pero manifestado en los postreros tiempos por amor de vosotros,

21 y mediante el cual creéis en Dios, quien le resucitó de los muertos y le ha dado gloria, para que vuestra fe y esperanza sean en Dios.

## El mensaje de Dios...

1. Pedro empieza este pasaje con una condición y un mandato (v. 17).

*Si* _____

*Entonces* _____

2. ¿Cómo describe o alude Pedro a la vida tal como la conocemos aquí y ahora (v. 17)?

3. Observa cómo Pedro describe o explica nuestra redención (vv. 18-19):

*Ustedes no fueron rescatados con* _____

*Sino con* _____

¿Y de qué fuimos rescatados (v. 18)?

4. ¿Qué aprendes acerca de Dios en estos versículos?

## ...*y la respuesta de tu corazón*

• En el anterior pasaje bíblico, Pedro nos hizo un llamado a *una vida de santidad*. Su razonamiento consiste en decir que en virtud de todo lo que Dios ha provisto para nosotros, debemos vivir como quienes están llamados y han sido apartados para la santidad, como personas "diferentes". En este pasaje él nos llama a *una vida de temor*. El razonamiento de Pedro en este pasaje es el siguiente: a) puesto que Dios es un juez (1 P. 1:17) y b) en virtud del alto costo de nuestra salvación, que es la sangre de Cristo (1 P. 1:19), debemos vivir en absoluta reverencia, o temor, o temor reverencial. Esta es la actitud mental de una persona que siempre es consciente de que está en la presencia de Dios.

Querida, Pedro nos llama al cambio. Su llamado para nosotras es a vivir como quienes han vivido sin rumbo y ahora han sido redimidos por la sangre preciosa de Cristo. ¿Puedes identificar algunos cambios que debes hacer en tu estilo de vida? ¿Cuándo implementarás dichos cambios?

• Piensa ahora en Jesús y en el sacrificio que Él hizo por nuestra salvación. Pedro habla de la redención en términos monetarios, como el dinero que se ha pagado para recuperar un prisionero de guerra. También se refiere a la práctica del Antiguo Testamento que consistía en sacrificar a un cordero sin mancha como expiación por el pecado, un cordero sin defecto y sin mancha. Amiga mía, ¡se ha pagado un precio por tu salvación, y también por la mía! No fuimos compradas o redimidas con dinero barato. ¡No! Fuimos redimidas por la sangre preciosa del perfecto Hijo de Dios, Jesucristo. ¿Cómo crees que un prisionero o un esclavo que era redimido o cuya libertad era comprada por otro se comportaba hacia aquel que había pagado por su emancipación? ¿Cómo ha afectado a tu vida el sacrificio de Jesús?

### Reflexión

Estos versículos hablan directo a mi corazón. Me llevan a cuestionarme acerca de asuntos difíciles como: "¿Sigo dejando atrás mi vida pasada? ¿He reconocido seriamente que Dios es juez y que juzgará a *cada* persona (incluso a mí) según sus hechos? ¿Vivo mi vida en temor reverente, no como alguien que tiene miedo de Dios, sino como alguien que respeta y reverencia al Todopoderoso?". Yo sé que nunca quisiera ofender a mi Dios, o despreciarlo, o tratarlo a Él o sus estándares con ligereza. También sé que necesito vigilar permanentemente mis actitudes y comportamiento.

Por eso te pregunto lo mismo, querida amiga: ¿Has roto con el pasado? Como lo expresa una traducción: ¿te has desligado "de la vida sin sentido que heredaste de tus antepasados"?[8] ¿Has asumido un nuevo comportamiento, la conducta de alguien que ha sido redimido con la sangre preciosa de Jesús, el cual no cometió pecado?

Después de esta verdad solemne y maravillosa, pasa a considerar estas reflexiones.

*Imagina* que estás de pie afuera de un gran recinto de subastas en Londres, cuando oyes al subastador decir: "Este pagó $25 por un cuadro y aquel pagó $600.000 por otro". De inmediato tendrías una idea clara de ambas obras: la de $25 podría ser cualquiera de los 10.000 perritos hechos por artistas aficionados que pintan atardeceres, árboles, y costas, con la esperanza de que alguien pague por ellos. El cuadro de $600.000 bien podría ser un Rembrandt, un Miguel Ángel o un Rafael. Se puede juzgar la pintura según el precio que se paga por ella.

Podemos juzgarnos a nosotros mismos por el precio que pagó Cristo por nosotros, la inmensidad del sacrificio que tuvo que hacer para salvarnos. Cristo murió por nuestros pecados y, cuando me doy cuenta del precio que pagó por nuestra redención, saco conclusiones que encuentran justificación en otros pasajes de las Escrituras, como lo horrible de mi pecaminosidad, las profundidades de mi naturaleza, y la grandeza de su amor.[9]

—Donald Grey Barnhouse

Pedro presenta estas mismas conclusiones acerca de la profundidad de nuestro pecado y la grandeza del amor redentor de Dios. No olvidemos un solo día de nuestra vida estas dos realidades, ¡y vivir con un incontenible amor a Jesús en nuestro corazón!

# Lección 6

# Amarnos unos a otros

## 1 Pedro 1:22-25

¿Cómo crece tu jardín? Discúlpame por hablar de jardinería en este momento, pero realmente tiene que ver con lo que trataremos en esta sección del pasaje de Pedro, lo prometo. Es como explico a los grupos acerca de mi libro *A Woman's Walk with God—Growing in the Fruit of the Spirit* [*La mujer que camina con Dios: abundar en el fruto del Espíritu*]: veo muchos ejemplos de decoración en el tema del fruto del Espíritu allí presentado. Muchas veces se emplea un diseño específico, y algunas escenas y plataformas se transforman milagrosamente en jardines que compiten con la belleza del huerto del Edén, ¡que fue plantado por Dios mismo! Como sabes, el fruto del Espíritu (mencionado en Gálatas 5:22-23) son nueve cualidades vitales que el Espíritu Santo, Dios que mora en nosotros, produce en nuestra vida cuando permanecemos en Él y andamos con Él por su Espíritu. Y ¿cuál es la primera cualidad que la vida en Cristo debe hacer manifiesta en nosotros? *Amor*. Ahí comienza Pedro su lección cuando habla del cambio que opera la salvación de Dios en nuestras relaciones interpersonales. Mira su explicación:

## 1 Pedro 1:22-25

²² Habiendo purificado vuestras almas por la
obediencia a la verdad, mediante el Espíritu,
para el amor fraternal no fingido, amaos unos
a otros entrañablemente, de corazón puro;

²³ siendo renacidos, no de simiente corruptible,
sino de incorruptible, por la palabra de Dios
que vive y permanece para siempre.

²⁴ Porque: Toda carne es como hierba, y toda
la gloria del hombre como flor de la hierba.
la hierba se seca, y la flor se cae;

²⁵ mas la palabra del Señor permanece para
siempre. Y esta es la palabra que por el evangelio os ha sido anunciada.

## El mensaje de Dios...

Pedro acaba de terminar un pasaje más bien largo acerca de
nuestra salvación y el efecto que debe obrar en la manera como
tú y yo vivimos diariamente: en sobriedad de mente, obediencia,
santidad, y temor. Ahora habla del efecto que debe producir
nuestra salvación en nuestras relaciones con *otros*.

1. Escribe el mandamiento de Dios que hallamos en el versículo 22.

   ¿Cuál es la razón de este mandamiento (v. 22)?

2. Pedro vuelve a hacer referencia a nuestra salvación. ¿Cómo
   nacimos de nuevo o cuál fue el agente que operó nuestro
   nuevo nacimiento (v. 23)?

Descríbelo:

*No* de _____

*Sino* de _____

3. ¿Qué sucede con las cosas que son corruptibles, según el versículo 24?

¿Qué sucede con la incorruptible Palabra del Señor (v. 25)?

4. ¿Qué aprendes acerca de Dios en estos versículos?


## ...y la respuesta de tu corazón

• Cuando se trata de nuestras relaciones con otros, Pedro nos llama claramente a "amarnos unos a otros" (v. 22). No obstante, también añade tres palabras para describir la intensidad del amor que debemos tener unos por otros.

1. *Sincero*. Esto significa un amor que no finge o "se simula". No debemos expresar amor sólo con palabras y términos melosos, sino amarnos de corazón unos a otros. Como escribió el apóstol Juan: "Hijitos míos, no amemos de palabra ni de lengua, sino de hecho y en verdad". El amor sincero no guarda rencor adentro mientras finge amar hacia fuera, no tiene motivos ocultos, y no espera nada de la persona a la que ama. Ahora, querida amiga, ¿hay alguien en tu vida que no está recibiendo tu amor "sincero"? ¿Qué harás para poner en práctica el mandato de Dios de amarlo sinceramente?

2. *Entrañable*. El amor a otros debe ser sincero, y también entrañable. En otras palabras, debemos amarnos con un amor intenso, un amor sin límites. Nuestro amor debe ser ilimitado (llevado al extremo), que no escatima nada (sin reservas). No se trata de un tipo de amor cálido y confuso, sino uno que literalmente "es de largo alcance", que se

manifiesta a fondo, con ganas, si se quiere. Si consideramos el nivel de fervor de tu amor hacia otros, en una escala de intensidad de 1 a 5 (siendo éste la máxima intensidad), ¿cómo te calificarías? ¿Qué harías para subir tu puntaje en la escala? Esa es la exhortación de Pedro para ti.

3. *De corazón puro.* Pedro dice además que la clase de amor al que nos llama debe ser de corazón puro. Un amor así brota *del* corazón y se manifiesta *con* el corazón. Nos lleva a amarnos "con *todo* nuestro corazón", sin reservas, y con toda nuestra fuerza. Sí, el amor es verdaderamente un asunto del corazón. ¿Está tu corazón a la altura? ¿Hay cambios que piensas realizar?

# Reflexión

Bueno, amiga mía, es fácil ver que la clase de amor que Dios nos llama a manifestar (sincero, entrañable, de corazón puro) nos costará mucho, supondrá todo nuestro esfuerzo, y podrá causarnos mucho sufrimiento. Por eso tendremos que cultivar un espíritu afable y apacible para soportar cualquier maltrato y aún así amar a cambio. Recuerda que un espíritu afable no causa agitación, y que el espíritu apacible no reacciona a la agitación que otros provocan. Antes bien, amamos sincera y entrañablemente, y de corazón puro, incluso a quienes nos hacen sufrir. Es como dijo alguien: "Dondequiera que hay amor, hay abnegación".

Este mensaje de Dios acerca de nuestra "vida de amor" transforma nuestra vida y la desafía. Pero podemos obedecerlo, querida. El amor que Dios nos manifestó a ti y a mí debe ahora manifestarse a otros. El amor que Dios nos demostró, siendo nosotros viles y horribles pecadores, es el que ahora debemos proyectar hacia los demás, aunque sean viles y horribles pecadores. Es fácil hablar acerca de cuánto amamos a Dios, pero el amor a otros revela cuánto lo amamos a Él en verdad. Es una evidencia sobrenatural de Dios en nosotros. Y allí donde hay amor, está Dios.

Quisiera dejarte una idea práctica, una forma de demostrar el amor de Dios que ha sido derramado en nuestros corazones (Ro. 5:5). Estas "muestras de amor" de un autor anónimo me parecen realmente prácticas:

El verdadero amor es…
…lento para sospechar,
…lento para condenar,
…lento para ofender,
…lento para desenmascarar,
…lento para reprender,
…lento para denigrar,
…lento para exigir,
…lento para provocar,
…lento para estorbar,
…lento para resentirse.[10]

# Lección 7

# Crecer en Él

## 1 Pedro 2:1-3

¿Alguna vez has cantado la conocida versión de la canción basada en el Salmo 42:1: "Como el ciervo brama por las corrientes de las aguas, así clama por ti, oh Dios, el alma mía"? ¡Cuán hermosa es la imagen de ese ciervo tan sediento que *brama* por agua! Incluso más, ¡cuán hermoso es pensar en un alma, en nuestra alma, que clama por el Señor!

Bueno, querida, en esta lección Pedro nos dirige hacia algo que debemos anhelar, desear y por lo que debemos clamar. Así como el ciervo desea el agua que sustenta su vida, y *como* el salmista desea la salvación del Señor (Sal. 119:174), tú y yo debemos anhelar la Palabra de Dios *como* un bebé desea la leche (1 P. 2:2). En cada una de estas imágenes, y en cada cita bíblica, se emplea la misma palabra enfática.

Amada, el punto que trata Pedro es claro: estudiar la Palabra de Dios nunca debe ser un trabajo, sino un deleite. Antes de leer el mensaje de Pedro, meditemos en estas hermosas líneas poéticas que exaltan las Escrituras, para que las admiremos y anhelemos:

Es Verdad que desciende del cielo,
    digna de ser anhelada,
Es perfecta, pura y limpia,
    en cada detalle fue inspirada,
Es maná para el hambriento,
    leche que nos hace crecer,
Es luz para el viajero,
    verdad que todos deben conocer.

—Anónimo

## 1 *Pedro* 2:1-3

1  Desechando, pues, toda malicia, todo engaño, hipocresía, envidias, y todas las detracciones,

2  desead, como niños recién nacidos, la leche espiritual no adulterada, para que por ella crezcáis para salvación,

3  si es que habéis gustado la benignidad del Señor.

## El mensaje de Dios...

1. ¿Recuerdas el tema de nuestra lección anterior? Fue el mandato de Pedro de amarnos "unos a otros", de amar a nuestros hermanos y hermanas en Cristo con un amor sincero, entrañable, y de corazón puro. En la instrucción de este pasaje Pedro nos dice específicamente cómo hacerlo. En primer lugar, nos exhorta a desechar algunos comportamientos y actitudes. ¿Cuáles son (v. 1)?

*Desechar*, despojarse, deshacerse de...

a.

b.

c.

d.

e.

Además, ¿qué palabra completa usa Pedro varias veces en el versículo para subrayar la extensión de su mandato?

2. Después, Pedro nos recomienda una acción positiva que nos permitirá amar a otros, y de esa manera demostrar la conducta fundamental que Dios describe como característica de los creyentes.

*Desear.* ¿Qué dice Pedro que debemos desear (v. 2)?

¿Cómo describe Pedro la Palabra de Dios?

¿Con cuánta intensidad debemos desearla?

¿Qué beneficios nos trae la Palabra de Dios?

3. ¿Qué nos enseña este pasaje de las Escrituras acerca de Dios (v. 3)?

## ...y la respuesta de tu corazón

- *Desechar.* Pedro señala cinco actitudes y comportamientos pésimos que no tienen cabida en la vida del creyente. Escribe cuál es tu plan para desechar...

   1. Toda malicia (*malicia* es el deseo de hacer daño a los demás, y hacer lo malo).

2. Todo engaño (*engaño* se refiere a confundir a otros deliberadamente, o inducirlos al error con mentiras).

3. Hipocresía (*hipocresía* es un término empleado originalmente para referirse a un actor, alguien que dice una cosa y hace otra).

4. Envidias (*envidia* es un estado de insatisfacción y resentimiento que surge al desear lo que otro posee).

5. Todas las detracciones (*detracciones* abarca toda calumnia, murmuración, chisme, y cualquier conversación que podría arruinar la reputación de otro).

• *Desear.* Algo que caracteriza a los niños es su deseo de crecer rápido. Nosotras también, como hijas de Dios, debemos anhelar "crecer" hasta la madurez en la semejanza de Cristo. Pedro nos dice que hay una forma de crecer y es desear la leche no adulterada de la Palabra de Dios, tal como un bebé recién nacido desea la leche. En mi libro *Una mujer conforme al corazón de Dios*, expuse lo siguiente:

*H*ay tres etapas en la lectura de la Biblia:

1. La etapa del aceite de hígado de bacalao, cuando se toma como un remedio.
2. La etapa del trigo triturado cuando es nutritiva pero insípida, y
3. La etapa del durazno con crema cuando la devoramos con deleite y entusiasmo.[11]

¿Cuál es la etapa que describe mejor tus últimas experiencias con la Palabra de Dios? ¿Qué pasos deberías dar para alcanzar "la etapa del durazno con crema" si te falta llegar a ella?

## Reflexión

Amada, nunca es demasiado tarde para "crecer". Nunca es demasiado tarde para desechar conductas que son ajenas a nuestro Dios. Y nunca es demasiado tarde para abrazar las verdades espirituales de la Palabra de Dios. *Desechar* lo malo y *desear* lo bueno deben ser hábitos diarios en nuestra vida. Pedro escribe a creyentes, algunos de los cuales lo han sido hasta por 30 años. Lo que él quiere decir es que los cristianos deben anhelar *siempre* la Palabra de Dios, de hecho, anhelarla más y más con el paso del tiempo. ¡Cuánto deseo y oro para que esto sea realidad en tu vida y en la mía!

Así pues, querida, nosotras también estamos llamadas a *desechar* y a *desear*. Cuando Pedro nos insta a despojarnos de malos pensamientos y malas acciones, quiere decir que debemos deshacernos de ellos como ropa sucia. Ese es el significado literal del mandato de Pedro. Ya imaginarás la escena: tu ropa está tan sucia que estás ansiosa por quitártela y ponerla en el cesto de la ropa sucia. Así es como debemos considerar esos horribles comportamientos como la malicia, el engaño, la hipocresía, y todas las detracciones. Debemos verlos tan repugnantes y desagradables como ropa sucia y mugrienta.

En algún momento de mi vida yo tuve muchos problemas con el chisme. Aunque sabía que Dios habló a todos los creyentes en general acerca del chisme (aquí en 1 Pedro), y específicamente a las mujeres acerca de no murmurar (1 Ti. 3:11 y Tit. 2:3), yo lo hacía de todos modos. Pero gracias a la oración constante y perseverante, y a algunas decisiones que tomé para quitar algunos hábitos (e incluso personas) de mi vida, por fin fui capaz de "desechar" gran parte del chisme de mi vida. Claro, he tenido algunos deslices (más de los que me gustaría citar), pero debido a mi deseo personal de "crecer" y por causa de la instrucción (y convicción) de la Palabra de Dios, he desechado lo que era un hábito de murmuración, y lo hago cada día.

Siempre es bueno hacer un examen. Pedro nos revela aquí cinco prácticas que hemos de quitar y desechar. Yo misma me estoy examinando. ¿Hay algunas actitudes o acciones de la lista de Pedro que debes desechar? ¿No te alegra que podemos buscar ayuda en Dios por su gracia?

# Lección 8

# Edificar la casa de Dios

## 1 Pedro 2:4-8

¿Alguna vez has tenido que hacer algo sola? ¿Completamente sola? ¿Has sido alguna vez la *única* que ha llevado todo el peso de una tarea o un esfuerzo sobre tus propios hombros? ¿Has deseado entonces que alguien, el que sea, viniera a tenderte una mano y ayudarte a sobrellevar al menos parte de tu responsabilidad? Todas sabemos que es difícil trabajar y resistir solas. Es indudable que pertenecer a un grupo es de gran ayuda.

Querida, así es como funciona el Cuerpo de Cristo. Ninguna de nosotras está sola jamás. Nunca se nos pedirá servir o enfrentar algo solas. ¿Por qué? Porque somos una "casa espiritual" edificada y conformada por muchas "piedras vivas".

Presta atención a las palabras que escribe el apóstol Pedro a los creyentes que estaban dispersos en las diferentes provincias de Asia Menor. Tal vez estos amados sentían como si estuvieran solos, como los únicos que había "por ahí", con la obligación de llevar sus responsabilidades y cargas solos. ¡Pedro les recuerda que no lo están!

*1 Pedro 2:4-8*

4 Acercándoos a él, piedra viva, desechada
ciertamente por los hombres, mas para Dios
escogida y preciosa,

5 vosotros también, como piedras vivas, sed
edificados como casa espiritual y sacerdocio
santo, para ofrecer sacrificios espirituales
aceptables a Dios por medio de Jesucristo.

6 Por lo cual también contiene la Escritura: He
aquí, pongo en Sion la principal piedra del
ángulo, escogida, preciosa; y el que creyere
en él, no será avergonzado.

7 Para vosotros, pues, los que creéis, él es pre-
cioso; pero para los que no creen, la piedra
que los edificadores desecharon, ha venido
a ser la cabeza del ángulo;

8 y: Piedra de tropiezo, y roca que hace caer,
porque tropiezan en la palabra, siendo desobedientes; a lo cual fueron también desti-
nados.

## El mensaje de Dios...

1. Primero, Pedro comienza con Jesús. ¿Qué metáfora o analogía
usa Pedro para describir a Jesús (v. 4)?

¿Cómo dice Pedro que Jesús es visto por los hombres (v. 4)?

¿Cómo ve Dios a Jesús (v. 4)?

Usando una referencia del Antiguo Testamento (Is. 28:16), ¿cómo describe también Pedro a Jesús (v. 6)?

¿Cómo era visto Jesús por aquellos que creían en Él (v. 7)?

¿Y por aquellos que no creían en Él (v. 8)?

2. ¿Cuál es la promesa dada a quienes hemos creído (v. 6)?

3. Pedro también incluye una metáfora o analogía para los creyentes.

¿Cuál es?

¿Qué les sucede a los creyentes (v. 5)?

¿De qué otra forma alude Pedro a los creyentes en Jesucristo (v. 5)?

¿Cuál es el propósito de ellos (v. 5)?

4. ¿Qué nos enseñan estos versículos acerca de Dios?

## ...y la respuesta de tu corazón

• Solo a modo de revisión, observa cómo las verdades de nuestra lección pasada están relacionadas con las de la presente:

La salvación supone que nos amemos unos a otros (1 P.
1:22), lo cual supone que debemos desechar los pecados
de unos contra otros (1 P. 2:1),
a fin de que podamos crecer (1 P. 2:2),
porque somos un cuerpo, una casa espiritual, un templo
(1 P. 2:5),
y porque esta casa espiritual está edificada con piedras
vivas (1 P. 2:5).

En una frase, escribe lo que Pedro nos enseña acerca de:

Nuestra relación con Cristo

Nuestra relación con otros cristianos

* ¿Por qué es tan importante para ti ser parte vital de tu iglesia?
¿Qué objetivo puedes trazarte esta semana para desechar el
pecado, andar en amor, "ofrecer un sacrificio vivo" en comu-
nión con tus hermanos de la iglesia?

* ¿Qué te enseña este pasaje acerca de Dios?

# *Reflexión*

Doy gracias a Dios por Pedro, el artista de la palabra, que
ha usado imágenes tan creativas para describir un cuadro del
Cuerpo de Cristo que es a la vez un desafío y un consuelo.
¿En qué sentido es un consuelo? En que nos enseña que no
estamos solas y nunca lo estaremos. No hay nada que como
creyentes tengamos que hacer o soportar solas. ¿Por qué? Porque
somos "piedras vivas" y parte de una "casa espiritual", la iglesia
de Dios.

Y ¿cómo es esta casa? Su fundamento es Cristo. Como casa, tiene fuerza, hermosura, y diversas partes, y es útil como un todo. Más aún, esta maravillosa casa de Dios se construye y se mejora con cada miembro nuevo que llega a la familia de Dios (¡y eso nos incluye a nosotras!). Y ¿por qué resulta un desafío la imagen de la Iglesia, el Cuerpo de Cristo? Porque exige que tú y yo como individuos hagamos nuestra parte para sustentar la fuerza, la belleza, y la utilidad de la casa de Dios. Debemos también ofrecer nuestros propios sacrificios espirituales a Dios. ¿Cuáles serían algunos de esos sacrificios espirituales?

Nuestro cuerpo (Ro. 12:1)
Nuestros afectos (Col. 3:2)
Nuestras oraciones (Ap. 8:3-4)
Nuestra alabanza (He. 13:15)
Nuestras limosnas (Fil. 4:15-18)

Que Dios sea glorificado y su casa sea embellecida cuando ofrezcamos a Él estos sacrificios espirituales.

# Contar tus bendiciones

**1 Pedro 2:9-10**

¿Has sufrido alguna vez de lo que muchos llaman una "imagen pobre de ti misma" o una "baja autoestima"? Bien, mi querida hermana en Cristo, eso no debería existir en la vida de un cristiano. ¿Por qué motivo? Por todo lo que somos y tenemos en Jesucristo. De hecho, el libro entero de 1 Pedro nos ha presentado hasta ahora una larga lista de beneficios, privilegios, y certezas que disfrutamos como creyentes en Cristo. Pedro derramó su corazón al escribir de su mano esta carta a los cristianos de todas las épocas. Ha señalado una bendición tras otra y, más aún, que son nuestras porque somos santos. ¿Recuerdas algunas de ellas? O, como lo expresa el bello himno, "¿Puedes contar tus bendiciones?".

Somos elegidos (1 P. 1:2)
Somos santificados (1:2)
Tenemos la gracia de Dios (1:2)
Tenemos la paz de Dios (1:2)
Somos nacidos de nuevo (1:3)

Tenemos una herencia en el cielo (1:4)
Somos guardados por Dios para la salvación (1:5)
Somos redimidos por la sangre de Jesús (1:18)
Somos piedras vivas en la casa de Dios (2:5)

¿Qué te parece esta lista de bendiciones? ¡Y Pedro apenas acaba de empezar! En este nuevo pasaje de la Palabra de Dios que vamos a estudiar, y que permanece para siempre, la lista de Pedro continúa. Veamos lo que él añade a la lista de bendiciones que nos pertenecen.

## 1 *Pedro 2:9-10*

9 Mas vosotros sois linaje escogido, real sacerdocio, nación santa, pueblo adquirido por Dios, para que anunciéis las virtudes de aquel que os llamó de las tinieblas a su luz admirable;

10 vosotros que en otro tiempo no erais pueblo, pero que ahora sois pueblo de Dios; que en otro tiempo no habíais alcanzado misericordia, pero ahora habéis alcanzado misericordia.

## El mensaje de Dios...

1. A fin de recalcar la diferencia que existe entre los creyentes y los que no creen o son desobedientes (v. 8), Pedro empieza estos versículos con una palabra (v. 9). ¿Cuál es?

Anota las cuatro frases descriptivas que usa Pedro para referirse a los cristianos (v. 9).

a.

b.

c.

d.

¿Por qué ha hecho Dios todo esto por su pueblo (v. 9)?

2. Todos tenemos un presente y un pasado. Completa la siguiente tabla para ver con mayor claridad lo que Pedro dice acerca de nuestra vida (vv. 9-10).

| *Pasado* | *Presente* |
|---|---|
| Fuiste llamada (v. 9)… | a (v. 9)… |
| Tú no eras (v. 10)… | pero ahora eres (v. 10)… |
| Tú no habías (v. 10)… | pero ahora has (v. 10)… |

3. ¿Qué verdades acerca de Dios nos enseñan estos versículos?

## …*y la respuesta de tu corazón*

• Sí, Pedro continúa la lista de privilegios exclusivos en Cristo. Tú eres…

Linaje escogido: eres una raza elegida, el pueblo de Dios.
Real sacerdocio: no hay un sacerdocio especial en la iglesia de Jesucristo. Cada creyente es un sacerdote.
Nación santa: eres parte de una nación única conformada por personas que son apartadas para Dios.
Pueblo adquirido por Dios: tú eres un pueblo cuyo dueño es Dios mismo.

• Repite de nuevo *por qué* Dios ha hecho todas estas cosas maravillosas por nosotras (v. 9).

Dios ha hecho todo esto no solo para que gocemos de nuestra redención, sino para que también proclamemos las alabanzas o la excelencia y las virtudes y cualidades de Dios mismo. Estamos llamadas a proclamar quién es Dios y lo que ha hecho, tanto en palabra como en obra. ¿Cómo puedes declarar mejor las virtudes de Dios por medio de tu conducta? ¿y a través de tus palabras?

## *Reflexión*

Entonces ¿porqué hay tanta preocupación acerca de la imagen de uno mismo? ¡Espero que ya puedas ver que desde la perspectiva de Dios tú ya has sido bendecida sin medida! Nunca deberíamos tener un momento de depresión o caer en la desesperación o el desaliento. ¡Nunca debemos pensar que somos nada o nadie! Antes bien, querida, debemos recordarnos a nosotras mismas los numerosos privilegios que tenemos en Cristo. Y Pedro ha añadido más prodigios a la lista inicial del comienzo de esta lección.

Eres un linaje escogido (v. 9)
Eres real sacerdocio (v. 9)
Eres nación santa (v. 9)
Eres pueblo de Dios (v. 10)

Amiga mía, todo esto fue lo que Cristo ganó a nuestro favor. Algunas personas basan su concepto de valía personal en sus logros. Sin embargo, como cristianos, debemos darnos cuenta de que lo que somos en Cristo es muchísimo más importante y valioso que el dinero, el éxito, una profesión, y el nivel académico. Hemos sido escogidos por Dios para ser suyos y, como hijas de Dios y como quienes han sido compradas con la sangre preciosa de Cristo, somos de un valor incalculable. Da gracias a Él ahora, y resiste cualquier pensamiento o sentimiento de inferioridad.

# Ganar mediante una vida recta

## 1 Pedro 2:11-12

Un espíritu afable y apacible. Ha pasado ya tiempo desde que mencionamos estas dos cualidades que son de gran estima a los ojos de Dios. Sin embargo, en esta lección empezamos a llegar al quid del mensaje de Pedro, y a la situación de sus destinatarios. Los cristianos eran acusados de desafiar al César, de causar disturbios y agitación con su nueva religión por dondequiera que iban, y de provocar revueltas. No obstante, el "pastor" Pedro enseña a los creyentes de esa época, y también de la actualidad, a vivir bajo la persecución. Él nos brinda varios consejos que sirven en todo tiempo y en toda circunstancia. Y, amiga mía, tendremos que cultivar un espíritu afable y apacible si hemos de seguir su consejo y soportar el maltrato y la incomprensión. Sigue leyendo, y sigue poniendo en práctica una mayor medida de la sabiduría de Dios en tu vida.

## 1 *Pedro* 2:11-12

11 Amados, yo os ruego como a extranjeros y
peregrinos, que os abstengáis de los deseos
carnales que batallan contra el alma,

12 manteniendo buena vuestra manera de vivir
entre los gentiles; para que en lo que murmuran de vosotros como de malhechores,
glorifiquen a Dios en el día de la visitación,
al considerar vuestras buenas obras.

## El mensaje de Dios...

1. Pedro se ha esforzado por mostrar a sus amados lectores (al
igual que a nosotras) todo lo que les pertenece en Cristo.
También, como lo ha hecho antes, Pedro recuerda a estos
queridos creyentes que sufrían las responsabilidades que aca-
rreaban tales privilegios. Después de todo, Pedro estaba presente cuando el Señor dijo: "porque a todo aquel a quien se
haya dado mucho, mucho se le demandará; y al que mucho
se le haya confiado, más se le pedirá" (Lc. 12:48). Por lo anterior, Pedro empieza la siguiente sección de su carta con una
exhortación. ¿Qué es lo que Pedro pide hacer a sus amados
lectores en virtud de su posición en Cristo (v. 11)?

¿Con cuánta vehemencia lo pide (v. 11)?

¿Por qué lo pide (v. 11)?

2. El fiel Pedro prosigue con una segunda exhortación. ¿Cuál es
(v. 12)?

¿Qué hacían los gentiles (paganos que no eran creyentes)
según el v. 12?

¿Qué dijo Pedro que les haría ver su error (v. 12)?

## ...*y la respuesta de tu corazón*

Las palabras de Pedro hablan directo a nuestro corazón respecto a los siguientes temas:

• *El mundo.* Pedro insta con vehemencia a los cristianos a recordar nuestra posición en el mundo: somos peregrinos, extranjeros, forasteros, y advenedizos. Como tales, debemos recordar que vivimos en un lugar que no es nuestro hogar. No somos más que visitantes que están de paso por una tierra extranjera. El mundo no es nuestro verdadero hogar. ¿Cómo consideras tu vida aquí sobre la tierra? ¿Qué ajustes debes hacer en tu perspectiva del mundo o de tus vínculos con él?

• *El andar.* A pesar de lo anterior, mientras moramos aquí en esta tierra extraña, hay cosas que debemos y podemos hacer para guardarnos del pecado. Pedro nos suplica que nos "abstengamos de los deseos carnales". Esa es la forma como debemos andar en esta vida terrenal. Tú y yo debemos abstenernos (es decir, despojarnos de los deseos pecaminosos controlándolos tan pronto aparezcan). Debemos, en sentido literal, "mantenernos alejados" de los deseos pecaminosos. Y eso exige por nuestra parte estar alerta y practicar el autocontrol. ¿Qué cambios debes hacer en tu andar diario?

• *El porqué.* En cuanto a por qué debemos abstenernos de dar rienda suelta a nuestros deseos carnales, Pedro ofrece dos razones. *Primero*, para que nuestra conducta como cristianos glorifique a Cristo. Cuando tenemos nuestra vida interior bajo control, nuestra vida exterior traerá honra al Señor. Y *segundo*, para que quienes hablan mal de nosotros puedan caer en la cuenta de su error. En pocas palabras, los cristianos de la época de Pedro fueron acusados falsamente de toda clase de mal imaginable (rebelión, terrorismo, canibalismo, inmoralidad, insubordinación, etc). Debido a esa confusión, los creyentes eran maltratados. Pedro quería que ellos se aseguraran de que sus vidas fueran intachables, para que sus falsos acusadores fueran redargüidos y pudieran llegar a "glorificar a Dios", y también a creer en Él.

Por todo lo anterior, tú y yo debemos cerciorarnos de que nuestra conducta no dé ocasión a rumores que puedan surgir contra nosotras. Como alguien bromeó: "¿Hay suficientes pruebas en tu conducta para que te declaren culpable de ser cristiano?". En otras palabras, ¿desmiente tu buena conducta cualquier calumnia que pueda decirse contra ti? ¿Qué cambios debes hacer en tu forma de vivir?

## *Reflexión*

¡Una buena conducta es en verdad un maravilloso objetivo para alcanzar en nuestra vida! La palabra griega para "buena" tiene un significado muy rico y supone la más pura, elevada, y noble clase de bondad. Significa "ejemplar", "agradable", "cortés", "noble", y "excelente". Mantener buena nuestra manera de vivir significa vivir con una gracia tal que nada pueda decirse contra nosotras. Una conducta recta, grata, y cortés siempre será nuestra mejor defensa, y nuestro mayor testimonio. Ese es el mensaje de Pedro para nosotras: cada día debemos llevar una vida ejemplar que abunda en buenas obras.

Y un espíritu afable y apacible forma parte de esa clase de conducta. *Podrá* haber maltrato, pero la forma como tú lo manejas hablará de tu fe. Tu conducta ejemplar fruto de un estilo de vida en santidad, y tu espíritu afable y apacible, harán que las vidas de quienes te rodean sean atraídas a Cristo.

¿Tienes un esposo, hijos, padres, o hermanos que no son creyentes? ¿Trabajas con personas que no son cristianas? ¿Has sufrido por negarte a participar en sus travesuras, bromas, mentiras, o conductas inmorales? ¿Te han llamado "santurrona" (que precisamente tiene que ver con *la santidad*)? ¿Te malinterpretan todo el tiempo porque no piensas ni vives como los demás? Entonces, regocíjate porque luces el fino ropaje de un espíritu afable y apacible. Vístete de él, abstente de todo mal, y condúcete de una manera ejemplar y agradable.

## Lección 11

# Respetar la autoridad de otros

## 1 Pedro 2:13-17

¡Ay querida, aquí viene! ¿Ves la quinta palabra en el pasaje bíblico de hoy? Es la palabra "someteos". En los últimos años este pequeño término ha desatado muchos conflictos en todo el mundo. Con todo, este concepto de la sumisión a la autoridad nos ha acompañado desde las primeras páginas de la Biblia. Por ejemplo, en Génesis 16:9 (que fue escrito hacia 1450 a.C.), Dios ordenó a Agar "someterse" a Sara, su ama.

Bien, hoy empezamos una serie sobre la sumisión, o algo parecido. Quizá te sorprenda descubrir a cuántas personas exactamente nos dice Dios que nos sometamos. Por alguna razón tenemos en mente que las esposas son las únicas a quienes Dios ordenó someterse. Conocemos bien las palabras: "Las casadas estén sujetas a sus propios maridos" (Ef. 5:22). Pero olvidamos que antes de Efesios 5:22, Efesios 5:21 dice a todos los cristianos que debemos someternos unos a otros.

Bueno, mi querida hermana, elevemos una oración para tener un corazón entendido, empezar la serie acerca de la sumisión de la que habla Pedro, y descubrir la multitud de formas como nuestra salvación debe afectar nuestra relación con otros.

*1 Pedro 2:13-17*

¹³ Por causa del Señor someteos a toda institución humana, ya sea al rey, como a superior,

¹⁴ ya a los gobernadores, como por él enviados para castigo de los malhechores y alabanza de los que hacen bien.

¹⁵ Porque esta es la voluntad de Dios: que haciendo bien, hagáis callar la ignorancia de los hombres insensatos;

¹⁶ como libres, pero no como los que tienen la libertad como pretexto para hacer lo malo, sino como siervos de Dios.

¹⁷ Honrad a todos. Amad a los hermanos. Temed a Dios. Honrad al rey.

## El mensaje de Dios...

1. Pedro empieza aquí donde terminó en 1 Pedro 2:12, con nuestra manera de vivir delante de los hombres. ¿Cuál es la primera palabra (una sola, en verdad) de consejo para todos los creyentes (v. 13)?

¿A quién debemos someternos?

a. Versículo 13

b. Versículo 14

¿Y por qué (v. 13)?

2. ¿Cuál es el doble papel que desempeñan estas dos instancias gubernamentales (v. 14)?

3. ¿De qué podemos estar seguros que es la voluntad de Dios (v. 15)?

¿Qué pasará si hacemos el bien (v. 15)?

4. Escribe los otros cuatro mandatos al final de las instrucciones de Pedro (v. 17).

a.

b.

c.

d.

5. ¿Qué nos enseñan estos versículos acerca de Dios?

## ...y la respuesta de tu corazón

Amiga mía, Pedro nos imparte aquí una instrucción vital. Muestra en detalle a los cristianos cómo vivir en un mundo pagano, y comienza por arriba: tenemos que someternos a los que están en autoridad, lo cual incluye al gobierno. Pero ¿qué significa exactamente este mandamiento de someterse? Considera las siguientes definiciones:

✓ La palabra "someter" significa "ponerse por debajo".

✓ Significa "aceptar la autoridad" de otro.

✓ Es un llamado a "respetar" el rango y la autoridad de otro establecida por Dios.

✓ Es un término militar que significa "alinearse bajo el mando del comandante militar".

✓ Significa "ponerse en una actitud de sumisión".

• ¿Cuál de estas definiciones te permite comprender mejor el significado de la palabra "sumisión"?

• No sé cuál es tu opinión acerca de los gobernantes de la actualidad, pero sin importar cuál sea, ¿qué pide Dios de nosotros? ¿De qué formas o aspectos de la vida diaria crees que puedes y debes someterte al liderazgo de tu país, de tu estado, y de tu localidad?

• Hay un pequeño "eslogan" en el versículo 16. ¿Lo encontraste? Escríbelo aquí, y luego explica *por qué* nos sometemos a nuestros líderes.

• La Biblia abarca todos los aspectos de la vida. Nosotras como cristianas, llamadas y apartadas para Dios, somos advenedizas y peregrinas de paso por este mundo en nuestro camino al cielo. Aún así, debemos mantener una vida social ejemplar en nuestra convivencia con otros. ¿Hay algún aspecto de la conducta social referida en el versículo 17 que debas mejorar? ¿Cómo lo harás?

## *Reflexión*

Admito que para mí es siempre más sencillo hacer algo cuando sé *por qué* lo hago. Y eso es cierto con respecto a la sumisión. Aquí Dios nos dice que nos "sometamos", pero también nos enseña por qué. ¿Notaste estas frases en el pasaje?

"...Por causa del Señor"
"...Porque esta es la voluntad de Dios"
"...como siervos de Dios"

Al parecer, el *porqué* de nuestra sumisión está implícito en el *quién* de nuestra sumisión, que es Dios mismo. Como puedes ver, es *Dios* quien manda (o dice) que nos sometamos, y es *Dios* quien nos pide hacerlo por causa de Él, y es *Dios* quien explica que la sumisión es su voluntad, y es *Dios* quien nos pide que le sirvamos en sumisión a otros. Como escribe el doctor Charles Swindoll: "Este reconocimiento de la autoridad existente, junto con una disposición a abandonar los deseos personales, evidencia *una profunda dependencia de Dios.* Esta sumisión a la autoridad no es solo *con respecto a Dios, la suprema autoridad humana,* sino a los dirigentes que están por debajo de Él, los reyes y los gobernantes" (cursivas añadidas).[12]

He aquí otro hecho: *Dios es soberano.* Eso significa que Él conoce todo sobre el gobierno presente y sus oficiales, a quienes ha ordenado y puesto en autoridad (Ro. 13:1-7). Sin embargo, también sabe lo que Él lleva a cabo en su gran plan por medio de estos agentes. El Salmo 75:7 nos recuerda que Dios "a éste humilla, y a aquél enaltece". Así pues, querida, confiemos simplemente en el Señor, y sometámonos. Nunca transigimos en la ley de Dios como ha sido establecida claramente en las Escrituras, sino que nos sometemos como siervas de Dios, sabiendo que es la voluntad de Dios, y por causa del Señor.

# Lección 12

# Sufrir por hacer el bien

na fe viva influye en cada situación y relación de nuestra existencia. Nada ni nadie queda por fuera de ella. Pedro lo sabía, al igual que los cristianos de su época, porque muchos de ellos (¡más del 60%!) vivían en una forma de esclavitud. Aunque hoy día no estamos en esclavitud, para vivir a semejanza de Cristo en cada situación y en cada relación es también indispensable cultivar un espíritu afable y apacible. Por esto, Pedro y sus lectores tienen mucho qué enseñarnos acerca de la afabilidad que no provoca agitación y la apacibilidad de corazón que no responde a la agitación provocada por otros. En esta lección pasamos de la autoridad gubernamental a la autoridad social de amos y empleados.

Querida, ¿cómo han sido tus experiencias laborales? Si tienes un empleo en este momento, o lo has tenido en el pasado, ¿has sido bendecido con jefes amables? ¿o has probado la copa de la crueldad y el maltrato? Nuestra tendencia natural es luchar contra el trato injusto e inaceptable. Pero Pedro nos muestra un camino mejor, el de Dios, para soportar los malos tratos. Toma nota de lo que Pedro escribe acerca del plan de Dios para mantenerse en una situación difícil.

## 1 Pedro 2:18-20

18 Criados, estad sujetos con todo respeto a vuestros amos; no solamente a los buenos y afables, sino también a los difíciles de soportar.

19 Porque esto merece aprobación, si alguno a causa de la conciencia delante de Dios, sufre molestias padeciendo injustamente.

20 Pues ¿qué gloria es, si pecando sois abofeteados, y lo soportáis? Mas si haciendo lo bueno sufrís, y lo soportáis, esto ciertamente es aprobado delante de Dios.

## *El mensaje de Dios...*

1. *Un apunte acerca de la esclavitud.* En los días de Pedro, la esclavitud era una forma de vida, y muchos cristianos trabajaban como esclavos o sirvientes de los paganos. Muchos en la iglesia primitiva que oyeron la lectura de la carta de Pedro eran esclavos. Algunos lo eran de amos buenos y considerados, y otros de los que eran duros y crueles. Esta era la situación de la época y la estructura social del momento.

Sin embargo, los principios que Pedro expone atañen a nuestras relaciones entre empleados y empleadores. Cuando trabajamos para un individuo o para una compañía debemos obedecer las directivas de nuestro empleador. Y si se nos pide infringir la ley de Dios, somos libres de cambiar de empleo.

Tras haber pedido a los cristianos someterse a los líderes y oficiales del gobierno, Pedro pasa a otro aspecto de la vida cotidiana.

¿Cómo nos pide Pedro que nos conduzcamos hacia nuestros amos o jefes (v. 18)?

¿Cuál debe ser nuestra actitud (v. 18)?

¿A qué tipo de personas o empleadores debemos someternos?

*No solamente* a los que son _____ y _____

*Sino también* a los que son _____

2. Pedro nos dice en dos ocasiones por qué tenemos que obedecer el mandato de someternos.

Versículo 19

Versículo 20

Asimismo, señala dos clases de sufrimiento (v. 20):

Cuando _____

Cuando _____

3. ¿Qué nos enseñan estos versículos acerca de Dios?

## ...y la respuesta de tu corazón

• Debemos recordar que Pedro está tratando nuestra conducta como cristianos (1 P. 2:11-12). Y empezando en el versículo 13, nos llama a una vida de sumisión a la autoridad, no solo al gobierno y a los "superiores", sino también a nuestros empleadores, nuestros jefes terrenales. ¿Qué pauta establece el após-

tol Pablo en Hechos 4:18-20 acerca de nuestra sumisión a la
autoridad?

- ¿Quiénes son tus "amos" en esta vida, querida? Idea algunas
formas en las que podrías someterte mejor a ellos, y conságrate a orar por ellos.

## Reflexión

A partir de la epístola de Pedro es evidente que existe:

...una forma correcta de tratar a nuestros amos: someternos
...un motivo correcto para someternos: recibir alabanza
de Dios
...una actitud correcta hacia nuestros amos: respeto
...una razón correcta para el sufrimiento: hacer lo bueno
...una forma correcta de soportar el sufrimiento: con
paciencia

Querida, esta lista de aspectos "correctos" descarta automáticamente la faceta equivocada de la lista, que es larga: rebelión, ira, mala actitud, hostilidad, ambición, desdén, descontento, orgullo, chisme, desprecio, holgazanería, adulación, venganza. ¡Estoy segura que podrías añadir más a la lista!

No obstante, hay un pensamiento que nos ayuda a mantener nuestra perspectiva cristiana. Tiene que ver con recordar...

## ¿Quién está al mando?

Dado que Dios tiene el control, encaramos el día a día con su amor y poder. Si hoy recibes algunos golpes duros, confíalos a Dios. Si has sido engañado, entrega a Dios el problema. Si los empleados no cumplen con sus responsabilidades, reconoce tu pérdida y confía por completo en Dios. Los cristianos nunca debemos buscar vengarnos, sin importar cuán malas sean las circunstancias. El impulso de la venganza nace en aquellos que piensan que los sistemas, los jefes, o la gente poderosa tienen el control. Pero los cristianos creen que Dios tiene el poder supremo.[13]

# Lección 13

# Mirar al Salvador

## 1 Pedro 2:21-25

Eleva una oración, amiga, ¡porque estamos a punto de pisar tierra santa! Los sufrimientos de nuestro Salvador serán revelados, y de seguro sentirás dolor y asombro al mismo tiempo, al meditar en ellos. Él *sufrió siendo inocente*, no había pecado. *Sufrió pacientemente*, no reaccionó. Él *sufrió en sumisión*, se encomendó a su Padre. Y *sufrió calladamente*, "conservó su paz". ¡He aquí el Salvador sufriente!

El día en que Jesús quedó solo,
Y sintió la dureza del corazón humano,
Supo que había venido a expiar;
Y ese día "conservó su paz".

Testificaron falsamente de sus palabras,
Lo ataron con cuerdas de crueldad,
Y burlándose le proclamaron Señor,
"Pero Jesús conservó su paz".

72

Le escupieron en el rostro,
Lo arrastraron de un lugar a otro,
Pusieron sobre Él toda la desgracia,
"Pero Jesús conservó su paz".

Amigo, cuántas veces por mucho menos,
Con ira, a la que llamaste justicia,
Resentiste muy afligido pequeñeces,
Pero tu Salvador "conservó su paz".[14]

En la lección de hoy, Pedro nos dice dos cosas: primero, algunos *hechos* que atañen al sufrimiento de Jesús; y segundo, que hemos de *seguir* sus pisadas, tal como un niño sigue el modelo cuando aprende a escribir. Querida, ¡Jesús es *el* modelo! Cuando sufrimos insultos, injusticias, y somos heridos, solo tenemos que mirarlo a Él y su sufrimiento, y luego seguir sus pisadas. Miremos el modelo.

## 1 *Pedro 2:21-25*

21 Pues para esto fuisteis llamados; porque también Cristo padeció por nosotros, dejándonos ejemplo, para que sigáis sus pisadas;

22 el cual no hizo pecado, ni se halló engaño en su boca;

23 quien cuando le maldecían, no respondía con maldición; cuando padecía, no amenazaba, sino encomendaba la causa al que juzga justamente;

24 quien llevó él mismo nuestros pecados en su cuerpo sobre el madero, para que nosotros, estando muertos a los pecados, vivamos a la justicia; y por cuya herida fuisteis sanados.

25 Porque vosotros erais como ovejas descarriadas, pero ahora habéis vuelto al Pastor y Obispo de vuestras almas.

## *El mensaje de Dios...*

1. En nuestra lección anterior vimos que muchos cristianos soportamos penas y hemos sufrido injustamente a manos de otros, específicamente "amos" o empleadores. En este poderoso pasaje de las Escrituras que vamos a examinar, ¿a quien vemos sufriendo (v. 21)?

   ¿Qué gran declaración y desafío encontramos en el versículo 21?

2. Pedro nos habla de cuatro cosas que Jesús *no* hizo (vv. 22-23). ¿Cuáles son?

   a.

   b.

   c.

   d.

   ¿Qué hizo Jesús a cambio (v. 23)?

3. ¿Para hacer qué nos capacita la muerte de Cristo en la cruz (v. 24)?

   ¿Qué hizo Él por nosotros (v. 24)?

4. ¿Qué nos enseña este pasaje bíblico acerca de Dios?

# *...y la respuesta de tu corazón*

• Sabemos que Jesús no cometió pecado. Si has de seguir sus pisadas, ¿qué pecados conocidos vas a eliminar de tu vida?

Sabemos que Jesús no cometió pecado con su boca. ¿Qué pasos darás para tomar el control de tus palabras?

Sabemos que Jesús no contestó cuando lo insultaron. ¿Qué puedes hacer la próxima vez que te insulten?

Sabemos que Jesús no reaccionó cuando sufrió. ¿Qué puedes hacer cuando sufras?

• ¿Hay alguna situación en tu vida para la cual necesitas encomendarte y entregarte a Dios?

## *Reflexión*

Amada ¡asomarnos a la naturaleza divina de Cristo debería transformar nuestra vida! ¡Este pasaje es maravilloso! ¡Es insondable! Y, como dije al principio de esta lección, es realmente transformador. Estas palabras inspiradas por Dios nos llevan directo al corazón de lo que significa ser cristiano.

¡Alabado sea Dios que tenemos un ejemplo que podemos seguir! Dios no nos ha pedido simplemente que sigamos unas instrucciones en un papel. En cambio, nos ha dado un ejemplo que podemos seguir. Dios nos pide mirar a su propio Hijo amado, su Hijo sufriente, e imitarlo. Debemos vivir nuestra vida y tener un comportamiento conforme a la vida y el comportamiento de Él. Debemos imitarlo en nuestra vida diaria y en nuestra conducta. Estamos llamadas a hacer lo que Él hizo. Y cuando no estamos seguras acerca de cómo actuar o qué hacer o cómo responder, sea en el sufrimiento o en los asuntos cotidianos, podemos simplemente mirar lo que hizo Jesús, y sus actitudes, y hacer lo mismo.

Por tanto, amado Señor,

Que siempre busquemos eliminar las conductas pecaminosas.
Que podamos hablar solamente lo que es digno de uno de tus hijos.
Que podamos devolver bendición o soportar en silencio los insultos.
Que podamos sufrir como Jesús, como un cordero que es llevado al matadero, porque...

Angustiado él, y afligido,
no abrió su boca;
como cordero fue llevado al matadero;
y como oveja delante de sus trasquiladores,
enmudeció, y no abrió su boca (Is. 53:7).

Que podamos, como Jesús, "entregarte" nuestro sufrimiento con absoluta confianza en tu soberanía y justicia. Amén.

# Lección 14

# Vivir una vida recta

## 1 Pedro 3:1-7

uerida amiga, ¿estás siguiendo la progresión de Pedro? Unas lecciones atrás él empezó a enseñarnos acerca de la sumisión. Primero, Pedro declaró que debemos someternos a todas las autoridades gubernamentales. Luego, nos aconsejó someternos a nuestros "amos", o empleadores. Acto seguido, nos presentó a Jesús como el ejemplo ideal de sumisión; el intachable Cordero de Dios que sufrió siendo inocente, a manos de gente cruel. Cuán aleccionador es para nosotras ver que nuestro Salvador, que no cometió pecado, se sometió callada y humildemente a un maltrato tan vil.

Sin embargo, Pedro prosigue. Y está muy bien que hayamos visto a Jesús, el Siervo sufriente, porque las siguientes palabras de Pedro resultan difíciles para algunas mujeres. Así que lee, sigue adelante querida hermana, con una oración y con Jesús en mente.

## 1 Pedro 3:1-7

1 Asimismo vosotras, mujeres, estad sujetas a vuestros maridos; para que también los que no creen a la palabra, sean ganados sin palabra por la conducta de sus esposas,

2 considerando vuestra conducta casta y respetuosa.

3 Vuestro atavío no sea el externo de peinados ostentosos, de adornos de oro o de vestidos lujosos,

4 sino el interno, el del corazón, en el incorruptible ornato de un espíritu afable y apacible, que es de grande estima delante de Dios.

5 Porque así también se ataviaban en otro tiempo aquellas santas mujeres que esperaban en Dios, estando sujetas a sus maridos;

6 como Sara obedecía a Abraham, llamándole señor; de la cual vosotras habéis venido a ser hijas, si hacéis el bien, sin temer ninguna amenaza.

7 Vosotros, maridos, igualmente, vivid con ellas sabiamente, dando honor a la mujer como a vaso más frágil, y como a coherederas de la gracia de la vida, para que vuestras oraciones no tengan estorbo.

## El mensaje de Dios...

1. Primero, observa los cuatro mandatos y sus consecuencias que Pedro presenta en estos versículos.

Dos mandatos para las esposas:

a. Mandato #1 (v. 1): _____

Razón/Resultado (vv. 1-2): _____

b. Mandato #2 (vv. 3-4): _____

Razón/resultado (v. 4): _____

Dos mandatos para los esposos:

c. Mandato #1 (v. 7): _____

Razón/Resultado (v. 7): _____

d. Mandato #2 (v. 7): _____

Razón/resultado (v.7): _____

2. ¿Qué ejemplos da Pedro a las esposas respecto a la sumisión como un adorno?

   a. Versículo 5

   ¿Qué palabra clave describe a estas mujeres?

   b. Versículo 6

   ¿Qué hace esta querida mujer?

   c. Versículo 6

   ¿Qué cualidad clave describe a estas "hijas" de Sara?

3. ¿Qué nos enseña este pasaje clave de las Escrituras acerca de Dios?

## ...*y la respuesta de tu corazón*

- ¿Cómo afecta la práctica del principio de la sumisión la relación de una esposa con su esposo?

- Si eres casada, ¿qué cambio o cambios específicos podrías implementar desde ya para mejorar la sumisión a tu esposo?

Y, por cierto, ¿cómo has aplicado la instrucción acerca de ganar a alguien "sin palabra"?

Un breve comentario: Pedro no enseña que las esposas nunca deben hablar o expresarse. Él "habla" acerca de predicar, sermonear, acosar, rezongar, fastidiar, y responder con altanería. ¡Él quiere que nuestra *vida* comunique a nuestro esposo un mensaje de Dios!

El doctor Charles Swindoll añade algo a la lista anterior. Él escribe que la categoría de "silencio" incluye abstenerse de hacer pucheros, enfurruñarnos, confabular, coaccionar, o humillar. Y concluye con este pensamiento: "Las esposas que emplean esta estrategia no confían en que Dios cambiará la vida de sus esposos. Están confiando en ellas mismas".[15]

*El* doctor Swindoll prosigue: "La tendencia de muchas esposas es ver su papel en una forma condicional que depende del comportamiento de sus esposos: 'Seré la clase de esposa que debo ser si él es la clase de esposo que debe ser'. Sin embargo, este pasaje no permite a la mujer escaparse tan fácilmente del asunto. Pedro ha mencionado específicamente a los esposos 'desobedientes' en el versículo 1, de manera que tiene muy presentes a aquellas mujeres cuyos esposos no viven a la altura de la medida de Dios. Esto es lo que dice Pedro a estas esposas: 'Ustedes son responsables por *ustedes* mismas, no por sus esposós. Eso le corresponde a Dios'. Y las esposas que son verdaderamente obedientes a Cristo descubrirán que Él honrará su confianza.

"Sí. La sumisión es señal de seguridad. No es debilidad de carácter que nace de la inseguridad y el miedo. Es una entrega voluntaria y desinteresada, un espíritu dispuesto y servicial que busca el supremo bien de su esposo. Y, al observar la conducta admirable y convincente de ella, o la silenciosa elocuencia de una vida recta, el corazón del esposo finalmente se inclinará hacia las cosas espirituales"[16].

- Si eres soltera, evalúa el llamado de Dios a una vida de sumisión en relación con aquellas personas que te rodean. ¿Tienes padres? ¿Vives en casa con tus padres? ¿Cómo podrías empezar a practicar en casa un estilo de vida sumiso?

## *Reflexión*

¡Por fin llegamos al corazón de lo que significa cultivar un espíritu afable y apacible! De manera práctica y sistemática, Pedro nos ha llevado hasta esto: como ciudadanas nos sometemos en diversas circunstancias, como esclavas nos sometemos incluso a aquellos amos que son injustos, Cristo se sometió a detractores injustos, las esposas deben someterse a esposos injustos (y todavía no hemos terminado, aún falta 1 Pedro 3:13-17, que menciona la sumisión del cristiano en una sociedad injusta). Como un pensamiento conclusivo en este crucial tema para llegar a ser una mujer conforme al corazón de Dios, medita en estas palabras del erudito bíblico John MacArthur: "Aquí [en un espíritu afable y apacible] hay belleza que no desaparece, como ocurre con el cuerpo exterior. De hecho, 'afable' significa 'manso o humilde', y 'apacible' describe el carácter de sus acciones y reacciones ante su esposo y la vida en general. Una belleza tal no solo es preciosa para su esposo, sino para Dios mismo".[17]

Y ahora medita en esta oración escrita por un autor anónimo. ¿Tal vez la escribió una esposa?

## *Mi oración*

Enséñame, Señor, a mantenerme bondadosa y suave en todos los sucesos de la vida, en desilusiones, frente a la desconsideración de otros, en la hipocresía de aquellos en quienes he confiado, en la infidelidad de aquellos con quienes conté.

Ayúdame a renunciar a mí misma, a pensar en la felicidad de otros, a ocultar mis pequeñas penas y decepciones, y que sea yo la única que los sufre.

Enséñame a sacar provecho del sufrimiento que viene a mi vida. Ayúdame a usarlo de tal forma que me suavice, y no que me haga dura o amargada. Que aumente mi capacidad de perdonar, de ser bondadosa, comprensiva, y servicial.[18]

# Lección 15

## Confiar en el Señor

**1 Pedro 3:8-12**

A cualquiera le gusta (o debería gustarle) un libro de instrucciones, como aquellos manuales o folletos llenos de diagramas, guías, explicaciones, o detalles paso a paso que nos ayudan a solucionar algún problema o a organizar nuestra vida cotidiana.

Bueno, querida, en esta carta, Pedro envía a sus hermanos y hermanas en Cristo, pobres y perseguidos, un libro de instrucciones para manejar el sufrimiento. Él sabía que si ellos no habían sentido ya la embestida de la persecución, pronto la sentirían. (Después de todo, como el apóstol Pablo había escrito también, "todos los que quieren vivir piadosamente en Cristo Jesús padecerán persecución" 2 Ti. 3:12).

Cuando leas las "Instrucciones para el oprimido" del pastor Pedro, mira si puedes extraer los puntos principales:

—Debe haber unidad interior.

—Todas las dificultades deberían venir desde fuera.

—Dios hará justicia a los rectos y castigará a sus enemigos.

*1 Pedro 3:8-12*

⁸ Finalmente, sed todos de un mismo sentir, compasivos, amándoos fraternalmente, misericordiosos, amigables;

⁹ no devolviendo mal por mal, ni maldición por maldición, sino por el contrario, bendiciendo, sabiendo que fuisteis llamados para que heredaseis bendición.

¹⁰ Porque: El que quiere amar la vida y ver días buenos, refrene su lengua de mal, y sus labios no hablen engaño;

¹¹ Apártese del mal, y haga el bien; busque la paz, y sígala.

¹² Porque los ojos del Señor están sobre los justos, y sus oídos atentos a sus oraciones; pero el rostro del Señor está contra aquellos que hacen el mal.

## El mensaje de Dios...

1. En este pasaje, Pedro condensa sus instrucciones para sus lectores y los cristianos de todos los tiempos (tú y yo también) acerca de cómo llevar una vida piadosa bajo la persecución y en un mundo injusto. Enumera las cinco cualidades sociales de carácter (v. 8) que debemos manifestar los cristianos cuando acompañamos a otros creyentes en sus sufrimientos.

a.

b.

c.

d.

e.

2. En el versículo 9, Pedro nos aconseja demostrar una conducta apropiada hacia aquellos que son antipáticos y hostiles con los creyentes. Él dice:

*No* debemos _____

O _____

*Sino* que debemos _____

¿Por qué dice Pedro que debemos proceder de esta manera (v. 9)?

3. Con una cita del Antiguo Testamento (Sal. 34:12-16) Pedro nos da instrucciones adicionales:

a. Versículo 10

b. Versículo 10

c. Versículo 11

d. Versículo 11

e. Versículo 11

Cuando Pedro explica *por qué* los cristianos deben manifestar tal comportamiento, hace referencia a la persona y la naturaleza de Dios. Completa las siguientes verdades acerca de Dios:

Porque los *ojos* del Señor _____

Y sus *oídos* _____

Pero el *rostro* del Señor _____

4. ¿Qué nos enseñan estos versículos acerca de Dios?

## *...y la respuesta de tu corazón*

• Se ha dicho que cinco elementos clave citados en este pasaje deberían ser característicos de cualquier grupo de creyentes:

1. Armonía: seguir las mismas metas.

2. Simpatía: ser sensibles a las necesidades de los otros.

3. Amor: considerarse hermanos y hermanas.

4. Misericordia: ser sensibles y afectuosos.

5. Amigables: estar dispuestos a animarse unos a otros y regocijarse en los éxitos de cada uno.[19]

¿Debes ser más atenta a la realidad de alguna de estas cualidades en tu propia vida? ¿Qué harás al respecto?

• ¿Cómo te comportas con aquellos que no son cristianos? ¿Cómo evalúas tu conducta en cuanto a:

...no devolver mal por mal?

...no devolver maldición por maldición?

...refrenar tu lengua de mal y tus labios de hablar engaño?

¿Tienes un plan en marcha para triunfar en estas áreas? ¿Cuál es?

• Cuando soportas el maltrato de otros ¿de que manera te consuela saber que los ojos del Señor están sobre ti y sus oídos atentos a tus oraciones, y que su rostro está contra aquellos que te hacen mal?

¿De que manera esta verdad acerca de Dios te ayuda a sobrellevar el sufrimiento con un espíritu afable y apacible?

## Reflexión

Una cosa es tratar con cristianos en una forma armoniosa, amorosa, compasiva, misericordiosa y amigable (conductas a las que Pedro nos llama), y otra es bendecir a los que te maldicen, abstenerse de hablar mal a quienes te lastiman, y refrenar tu lengua cuando sufres a manos de otros. Siempre resulta más sencillo contraatacar y protestar que inclinar la cabeza, "poner la otra mejilla" (como había dicho Jesús en presencia de Pedro en Mateo 5:39), y "orar por los que nos persiguen" (Mt. 5:44). Sin embargo, querida, con el Señor de nuestro lado y vestidas de su ropaje de un espíritu afable y apacible, es posible.

Cuando experimentamos malos tratos, tú y yo debemos escoger entre *reaccionar* y *responder*. En vez de odiar a nuestros enemigos, vengarnos de ellos y tenerles miedo, debemos, con un espíritu afable y apacible, confiar calladamente en el Señor. Él y solo Él tiene el control de todas las cosas. Él y solo Él conoce sus propósitos en cada situación. Y Él se *hará* cargo de su pueblo, al igual que de sus opresores. Él ve con sus ojos toda tu desgracia y el abuso que padeces. Él conoce tus necesidades y oye con sus oídos tus oraciones. Y lo más cierto, ¡El juzga a aquellos que hacen daño a su pueblo! Por lo tanto, no tomamos represalias. No. Más bien confiamos en el Señor y dejamos la venganza en sus manos. Como Él declaró: "Mía es la venganza, yo pagaré, dice el Señor" (Ro. 12:19).

La certeza del cuidado del Señor trae un gran consuelo a nuestra vida, ¿no te parece, amada amiga? Así lo expresó un poeta anónimo:

¡Que dulce pensamiento! Tenemos arriba un amigo,
Que guía nuestros pasos, vacilantes y cansados,
Él sigue con su ojo de amor
A los amados por quienes murió.[20]

# Lección 16

# Dar a Cristo el primer lugar

## 1 Pedro 3:13-17

Hace poco leí un breve dicho que considero nos presenta la esencia del mensaje de Pedro para nosotras en esta lección. Esto es lo que dice: "Que tus *labios* y tu *vida* hablen de Cristo".

Pedro intenta convencer en esta carta a sus hermanos sufrientes que estaban dispersos por la región de Asia Menor. Su pensamiento es más o menos el siguiente: "Si ustedes viven como debería hacerlo un cristiano, en una forma agradable que beneficie a otros, entonces no deberían tener de qué preocuparse. Nadie les molestará si ustedes llevan una *vida* ejemplar. Pero si hacen lo correcto y son perseguidos, no se angustien. Tan solo miren al Señor, permanezcan firmes en su fe, y cerciórense de que sus *labios* hablen bien de su fe".

Sí, Pedro tiene una lista de tareas específica y muy práctica para sus amigos y para nosotras acerca de cómo vivir nuestra *vida* y cómo usar nuestros *labios* en momentos de sufrimiento. ¡Marca bien este pasaje! ¡Puede ser que necesites echar mano de esta sabiduría!

89

## 1 Pedro 3:13-17

¹³ ¿Y quién es aquel que os podrá hacer daño, si vosotros seguís el bien?

¹⁴ Mas también si alguna cosa padecéis por causa de la justicia, bienaventurados sois. Por tanto, no os amedrentéis por temor de ellos, ni os conturbéis,

¹⁵ sino santificad a Dios el Señor en vuestros corazones, y estad siempre preparados para presentar defensa con mansedumbre y reverencia ante todo el que os demande razón de la esperanza que hay en vosotros;

¹⁶ teniendo buena conciencia, para que en lo que murmuran de vosotros como de malhechores, sean avergonzados los que calumnian vuestra buena conducta en Cristo.

¹⁷ Porque mejor es que padezcáis haciendo el bien, si la voluntad de Dios así lo quiere, que haciendo el mal.

## *El mensaje de Dios...*

1. Pedro empieza este pasaje acerca del sufrimiento estableciendo un principio general en forma de pregunta. ¿Cuál es ese principio (v. 13)?


2. Luego, Pedro nos dice cómo soportar el sufrimiento por causa de la justicia. ¿Cuál debe ser nuestra actitud (v. 14)?


¿Y cuál debería ser nuestra respuesta hacia aquellos que nos hacen sufrir (vv. 14-15)?

No os _____

Ni os _____

Sino _____

3. ¿*Qué* más debemos estar dispuestas a hacer (v. 15)?

¿*Cuándo* debemos hacerlo (v. 15)?

¿*Cómo* debemos hacerlo (v. 15)?

4. En conclusión, Pedro no quiere que...

Padezcamos por _____

Sino que padezcamos por _____

5. ¿Qué aprendemos acerca de Dios en estos versículos?

## ...y la respuesta de tu corazón

• Según este pasaje de la Palabra de Dios, nuestra meta debe ser llevar una vida de bondad, ser intachables, vivir de tal manera que no surjan cuestionamientos ni castigos en nuestra contra. ¿Hay algún área de tu vida que necesita ser limpiada y perfeccionada?

• No obstante, si sufres por hacer lo bueno, Pedro te ofrece cinco consejos para soportar:

1. *No te amedrentes.* Así debes responder ante aquellos que te infligen sufrimiento injustamente. Oswald Chambers escribió: "Temer es el sentimiento más natural del mundo, y la evidencia más clara de que la gracia de Dios obra en nuestro corazón es cuando no cedemos ante el miedo. Cuando el miedo es vencido, el mundo queda humillado a los pies del más humilde de los santos. Nada puede hacer. No puede tocar la imponente supremacía que viene mediante el poderío divino del Señor y Maestro del santo".[21]

2. *No te conturbes.* Esta debe ser también tu respuesta frente a alguien que te causa un sufrimiento injusto. No te angusties en tu corazón ni en tu mente. No te dejes llevar por la ola de temor que arrastra a otros. Más bien, aquieta tu corazón delante de Dios.

3. *Santifica a Cristo en tu corazón.* En otras palabras, da a Cristo el primer lugar en tu vida, incluso cuando estás delante de tus enemigos recibiendo amenazas y acusación. Aquellos que santifican y temen a Dios en sus corazones enfrentan los desafíos sin temor. Aquellos que no temen a Dios acaban temiendo a todo.[22]

4. *Prepárate para presentar defensa.* El gran agnóstico Aldous Huxley le preguntó a un hombre por qué era cristiano. El hombre respondió: "Pero señor, usted podría desbaratar todos mis argumentos en un instante. No soy lo bastante hábil para discutir con usted", a lo que Huxley replicó: "No discutiré con usted. Simplemente dígame qué significa Cristo para usted". Estamos llamadas a presentar una defensa lógica y argumentada de nuestra esperanza, libre de arrogancia o ánimo contencioso.

5. *Ten buena conciencia.* Asegúrate de que tu vida concuerde con tu discurso, y de que mantienes una conducta recta y coherente.

Ahora, querida amiga, ¿hay alguna situación en tu vida hoy en la que necesites recordar y aplicar estos cinco breves consejos? El sufrimiento puede ser causado por alguien en tu propia familia, incluso alguien que vive bajo tu mismo techo. La persecución puede venir de un colega de trabajo o de tu jefe. También los vecinos pueden ser los autores del maltrato. Disponte a seguir los cinco consejos de Pedro y a orar para ponerlos en práctica con un espíritu afable y apacible.

## Reflexión

Permíteme utilizar esta sección para centrarme en el consejo de Pedro para ser felices y considerarnos "bienaventuradas" cuando sufrimos. Puede que te preguntes cómo el gozo y la felicidad pueden florecer en medio del sufrimiento y la persecución. Pues bien, considera lo siguiente: el sufrimiento es el camino que nuestro Salvador Jesús ya ha recorrido, como Pedro lo ha expresado, "para esto fuisteis llamados; porque también Cristo padeció por nosotros, dejándonos ejemplo, para que sigáis sus pisadas" (1 P. 2:21). Por otro lado, como ya hemos visto en nuestro estudio, Jesús sufrió injustamente por hacer el bien. Querida, cuando sufrimos, debemos recordar siempre que nuestro Jesús fue un Señor que padeció. Y en ello hay bendición para nosotros. Se nos permite ser partícipes de la amargura de sus sufrimientos, y del triunfo de su gracia.

# Lección 17

# Entender los misterios de Dios

Un versículo predilecto de los eruditos y maestros de la Biblia en lo que respecta a los asuntos inexplicables e incomprensibles de la Palabra es Deuteronomio 29:29: "Las cosas secretas pertenecen al Señor nuestro Dios...". Ahora que lees los siguientes cinco versículos de la Santa Biblia, encontrarás que en su mayoría corresponden a la categoría de lo inexplicable e incomprensible, lo que se cataloga bajo el tema de "las cosas secretas de Dios".

Sin embargo, empecemos diciendo que es incuestionable la osadía y la franqueza con las que Pedro lanza su primera declaración en el versículo 18: "Porque también Cristo padeció una sola vez por los pecados, el justo por los injustos". Nadie puede pasar por alto el sufrimiento y la muerte de Jesús en la cruz. Prueba de ello es lo sucedido en un grupo de indígenas africanos cuando un misionero les contó acerca de Jesús. En un lenguaje gráfico, el misionero les habló acerca de...

94

Los maravillosos milagros y la ofrenda en sacrificio de Cristo en la cruz. Sentado en primera fila estaba el jefe de la tribu que oía con atención todo lo que el misionero relataba. Cuando la historia llegaba a su clímax, y el jefe oyó acerca de cómo Cristo fue clavado en un madero en el Calvario, no pudo contenerse más y saltó exclamando: "¡Deténgase! ¡Bájenlo de la cruz, *soy yo quien debe estar ahí, no Él!* Aquel hombre había comprendido en verdad el significado del evangelio, pues entendió que era un pecador, y Cristo el que fue sin pecado".[23]

Sí, querida amiga, Jesús tomó *nuestro lugar* y murió *en vez de nosotras.* *Él* llevó *nuestros* pecados, el justo por el injusto. A medida que lees, hazte la pregunta: ¿Me doy cuenta como este vehemente cacique africano, que *soy yo quien debía estar ahí?* ¿He recibido a Jesús como mi Salvador?

## 1 *Pedro 3:18-22*

18 Porque también Cristo padeció una sola vez por los pecados, el justo por los injustos, para llevarnos a Dios, siendo a la verdad muerto en la carne, pero vivificado en espíritu;

19 en el cual también fue y predicó a los espíritus encarcelados,

20 los que en otro tiempo desobedecieron, cuando una vez esperaba la paciencia de Dios en los días de Noé, mientras se preparaba el arca, en la cual pocas personas, es decir, ocho, fueron salvadas por agua.

21 El bautismo que corresponde a esto ahora nos salva (no quitando las inmundicias de la carne, sino como la aspiración de una buena conciencia hacia Dios) por la resurrección de Jesucristo,

[22] quien habiendo subido al cielo está a la diestra de Dios; y a él están sujetos ángeles, autoridades y potestades.

## *El mensaje de Dios...*

¡Sujétate a tu asiento! ¡Estás a punto de entrar en una zona de "complejidad teológica"! Muchos han considerado estos versículos como los más complejos del Nuevo Testamento. Empecemos pues con un nivel básico, respondiendo estas preguntas enfocadas en los hechos que Pedro relata.

1. ¿Por qué razón murió Cristo (v. 18)?

¿Qué palabra se emplea para el carácter de Cristo (v. 18)?

¿Qué palabra se emplea para referirse al carácter de aquellos por quienes murió (v. 18)?

¿Qué logró la muerte de Jesús (v. 18)?

2. En el versículo 19, ¿qué suceso se describe?

En el versículo 20, ¿qué suceso del Antiguo Testamento se cita?

3. En el versículo 21, ¿qué tema se trata?

Según el versículo 22, ¿dónde está Cristo ahora?

4. ¿Qué hecho acerca del carácter de Dios se menciona en el versículo 20?

5. ¿Qué nos enseña acerca de Dios este pasaje de las Escrituras?

## ...*y la respuesta de tu corazón*

• Si recuerdas, el tema del pasaje anterior (1 P. 3:13-17) fue *el sufrimiento por hacer lo recto*. ¿En qué forma este pasaje (1 P. 3:18-22) continúa ese pensamiento?

• ¿De qué manera estos versículos acerca de nuestro Salvador nos alientan cuando sufrimos injustamente?

El significado de estos versículos no es completamente claro, y los eruditos y comentaristas los han explicado de muchas formas diferentes. Sin embargo, la interpretación que muchos dan es que Cristo fue al Hades para proclamar su victoria a los ángeles caídos encarcelados allí desde los días de Noé (ver 2 P. 2:4).

## *Reflexión*

Bueno, amiga mía, ¿te preguntas qué significan estos versículos inspirados? No eres la única. Creo que la mejor forma de poder aplicar a nuestra vida este pasaje misterioso y maravilloso de las Escrituras, cuyo significado pertenece indudablemente a la esfera divina, es atender el siguiente consejo:

Primero: Cuando el sufrimiento injusto parezca insoportable, recuerda la cruz.

Segundo: Cuando el temor de la muerte te robe la paz, recuerda la resurrección.[24]

# Lección 18

# Hacer un giro de 180 grados

## 1 Pedro 4:1-6

Leer y estudiar tanto acerca del sufrimiento de Cristo me ha hecho pensar mucho. He tratado de "meterme" en la cabeza de Pedro para entender mejor su "complejo" mensaje a sus lectores que eran un grupo de cristianos dispersos y despreciados que sufrían.

Querida lectora, al leer los conmovedores relatos y ruegos de Pedro, debemos recordar que él anduvo con Jesús a lo largo de tres años de ministerio terrenal. Él fue uno de los primeros discípulos de Jesús (Jn. 1:40 y Mt. 4:18), precedido quizás únicamente por su hermano Andrés. Pedro había sido testigo de primera mano de la angustia de Jesús en el huerto de Getsemaní, de su arresto, de los falsos juicios, y del maltrato que padeció. Pedro también estuvo cerca cuando clavaron a Jesús al madero, y cuando la cruz fue colocada en posición vertical. Sí, Pedro vio todo y fue testigo de todo, de la multitud, los soldados y los ladrones burlándose de él, del clamor de Jesús desde la cruz, de la agonía y desangramiento literal del Cordero de Dios.

"Puesto que....", casi podemos oír a Pedro preguntar: "¿no debería el sufrimiento de Cristo tener lugar en nuestra vida diaria? ¿en la pureza de nuestra propia vida?". Es así como Pedro empieza su siguiente idea con la solemne expresión "puesto que". Su mensaje es claro: a la luz de la muerte de Cristo por nosotros, sencillamente no *podemos* seguir viviendo en pecado. Sigue leyendo, y ¡prepárate para el cambio!

*1 Pedro 4:1-6*

¹ Puesto que Cristo ha padecido por nosotros en la carne, vosotros también armaos del mismo pensamiento; pues quien ha padecido en la carne, terminó con el pecado,

² para no vivir el tiempo que resta en la carne, conforme a las concupiscencias de los hombres, sino conforme a la voluntad de Dios.

³ Baste ya el tiempo pasado para haber hecho lo que agrada a los gentiles, andando en lascivias, concupiscencias, embriagueces, orgías, disipación y abominables idolatrías.

⁴ A éstos les parece cosa extraña que vosotros no corráis con ellos en el mismo desenfreno de disolución, y os ultrajan;

⁵ pero ellos darán cuenta al que está preparado para juzgar a los vivos y a los muertos.

⁶ Porque por esto también ha sido predicado el evangelio a los muertos, para que sean juzgados en carne según los hombres, pero vivan en espíritu según Dios.

## El mensaje de Dios...

1. ¿Qué suceso importante acerca de Cristo repite Pedro en el versículo 1?

¿Cuál es el enérgico mandato que da Pedro a la luz del hecho anterior (v. 1)?

2. Pedro explica que hay dos maneras de vivir (v. 2), que son:

a.

b.

¿Qué conductas eran características de nuestro "tiempo pasado" (v. 3)?

a.

(Tal vez quieras buscar esta palabra en un diccionario).

b.

c.

d.

e.

f.

3. Pedro nos advierte acerca de lo que podría ocurrir si renunciamos a nuestra pasada manera de vivir (v. 4).

Nuestros antiguos amigos y conocidos...

a.

b.

¿Qué tendrán que enfrentar estas personas (v. 5)?

4. ¿Qué nos enseñan estos versículos acerca de Dios?

## ...*y la respuesta de tu corazón*

• La meta de la vida cristiana es librarse del pecado, lo cual ocurre en el momento de morir. Por tanto, como cristianos, debemos vivir con el recordatorio de que nuestra vida en la tierra debe ser una búsqueda de la santa voluntad de Dios y no de los deseos de la carne (v. 2). ¿Con cuánto esfuerzo estás buscando la santa voluntad de Dios en el poder del Espíritu (Gá. 5:16)? ¿Hay prácticas y deseos carnales que debas desechar de tu vida?

¿Cómo te sirve "armarte" del pensamiento de que sí puedes salir victoriosa del sufrimiento en tu búsqueda de una vida santa?

• ¿Algún familiar, amigo, vecino o colega se ha sentido ofendido o resentido porque no participas en los placeres impíos? ¿Cómo te ayuda esta enseñanza a entender lo que ellos hacen y tu responsabilidad?

## *Reflexión*

Pedro empezó este pasaje hablando acerca de nuestra respuesta lógica a lo que Cristo sufrió por nosotros con la expresión "puesto que...", subrayando que deberíamos procurar vivir conforme a la voluntad y los caminos de Dios, y no en los deseos de la carne.

Querida hermana, es cierto que tú y yo debemos diferenciarnos de los demás. Después de todo, cuando Cristo mora en una persona, su presencia debe operar una gran transformación, ¿no es así? El cambio ocurrirá a quien ha "nacido de nuevo" (Jn. 3:3) y es "una nueva creación" (2 Co. 5:17). Necesitará su tiempo, pero precisamente un autor se refirió a la conversión como "un giro de 180 grados". Él mismo prosigue su idea:

> Los cristianos son gente rara. No se meten en cada fiesta que hay. Van a la iglesia mientras otros juegan deporte, toman el sol, o recuperan el sueño. Hacen donativos de dinero cuando otras personas de bien luchan por maximizar su capacidad de inversión. Oran por asuntos que cualquier persona normal, razonable, y sensata, demandaría con gusto. Ya están cansados cuando la fiesta apenas empieza. Parecen contentarse con la monogamia. ¡Qué extraño!
>
> Una persona cuya vida cambia... en la conversión, puede sentir el desprecio de sus viejos amigos. Puede ser despreciado no solo porque rehúsa participar en ciertas actividades, sino también porque sus prioridades han cambiado y ahora se mueve hacia la dirección contraria. Su vida misma incrimina las actividades pecaminosas de ellos.[25]

Querida, ¿pueden otros decir que tú eres diferente? ¿Pueden afirmar que has hecho "un giro de 180 grados"?

# Lección 19

# Vivir con la perspectiva de la eternidad

## 1 Pedro 4:7-11

¿Has sentido alguna vez que cantas el coro del himno "Jesús viene otra vez" con grandes suspiros e incluso moviéndote un poco en la iglesia?

> Viene otra vez, viene otra vez,
> Quizás en la mañana, o al mediodía,
> Quizás en la noche y muy pronto.
> Viene otra vez, viene otra vez;
> Un día maravilloso será.
> ¡Jesús viene otra vez![26]

Toda la creación anhela y espera ese "día maravilloso" cuando Jesús regresará para enmendar todos los males y arreglar todos los estragos causados por el pecado.

¿Cómo pues debemos vivir "con la perspectiva de la eternidad"? ¿En qué medida la proximidad del regreso de Cristo afecta nuestra vida diaria? Pedro nos dirige algunas exhortaciones acerca de cómo prepararnos para los últimos tiempos. Fíjate si puedes encontrarlas leyendo el pasaje.

## 1 Pedro 4:7-11

<sup>7</sup> Mas el fin de todas las cosas se acerca; sed, pues, sobrios, y velad en oración.

<sup>8</sup> Y ante todo, tened entre vosotros ferviente amor; porque el amor cubrirá multitud de pecados.

<sup>9</sup> Hospedaos los unos a los otros sin murmuraciones.

<sup>10</sup> Cada uno según el don que ha recibido, minístrelo a los otros, como buenos administradores de la multiforme gracia de Dios.

<sup>11</sup> Si alguno habla, hable conforme a las palabras de Dios; si alguno ministra, ministre conforme al poder que Dios da, para que en todo sea Dios glorificado por Jesucristo, a quien pertenecen la gloria y el imperio por los siglos de los siglos. Amén.

## El mensaje de Dios...

1. Según el versículo 1, ¿cómo debemos vivir diariamente ya que el fin de todas las cosas está cerca?

   a. Sed _____

   b. _____

   ¿Qué amonestación se añade en el versículo 8?

   ¿Por qué?

2. Ahora, en el versículo 9, Pedro añade el mandato de _____
_____.

¿Cómo debemos llevarlo a cabo?

Por último, debemos (v. 10) _____.

¿Por qué?

3. ¿Cuáles son los dos "regalos" específicos que Pedro destaca
en el versículo 11?

a. Si alguno _____.

¿Cómo debe hacerlo?

b. Si alguno _____.

¿Cómo debe hacerlo?

¿Por qué debemos hacer estas cosas?

4. ¿Qué nos enseñan estos versículos acerca de Dios?

## ...*y la respuesta de tu corazón*

• Querida, Dios nos ha llamado a ser "sobrias", es decir, a no
dejarnos arrastrar por las emociones o las pasiones. Esta firme
cualidad nos permitirá mantener una perspectiva eterna de
la vida, que es la correcta. Estamos llamadas a "velar" en
nuestra búsqueda diligente de la santidad, y en una actitud
de peregrinos, extranjeros y advenedizos de paso por este
mundo, que estamos de camino a nuestro verdadero hogar en
el cielo. Por otro lado, la oración es lo que estabiliza, recuerda
sin cesar, y resguarda estas dos actitudes. ¿Cómo piensas orar

para tener una perspectiva correcta y eterna de la vida? ¿Qué cambio deben operar estas oraciones en tu vida diaria?

• ¿Te has preguntado alguna vez cuáles son las prioridades de Dios para tu vida? Bueno, precisamente aquí en el versículo 8, Dios nos recuerda la prioridad número 1 en nuestra relación con otros en la iglesia: "Y ante todo, tened entre vosotros ferviente amor". Un amor ferviente es un amor que se extiende y se propaga al máximo. Así como un atleta extiende sus miembros y se estira al máximo para terminar su carrera, es como tú y yo debemos amarnos. ¿Cómo crees que la oración te ayudará a anteponer el bien de otro por encima de tus propios deseos y aunque esa persona te trate mal?

• Así es, tú y yo somos extranjeras en este mundo, pero también lo son nuestros hermanos y hermanas en Cristo. Por eso Dios nos manda también a ser hospitalarios unos con otros, es decir, a "amar al extranjero". Debemos abrir nuestras puertas a los demás y suplir sus necesidades en tanto que estamos en esta tierra. (Por supuesto que debes hacerlo con la aprobación de tu esposo). ¿De qué maneras piensas que podrías demostrar tu hospitalidad hacia otros?

• Por último, Dios habla de nuestros dones espirituales, aquellos dones que en su gracia Él ha repartido a cada creyente y por medio de los cuales el Espíritu Santo ministra al Cuerpo de Cristo. Estos dones deben ser usados con amor y por el bien de los demás en la iglesia. ¿Sabes cuáles son tus dones? Quizá desees leer y orar respecto a lo que dice Romanos 12:3-8 y 1 Corintios 12:4-10. Proponte descubrir tu don, desarrollarlo, y *usarlo*. ¿Qué resultado producirá esto, según Pedro?

# *Reflexión*

No sé por qué, pero este breve pasaje me ha llevado a una nueva dimensión. Es tan sencillo, y habla en términos tan sencillos, que no deja duda acerca de lo que somos y lo que debemos buscar y hacer en la vida. No sé tú, pero esta es exactamente la clase de instrucción clara que mi pobre corazón anhela. Ahora sé que me he propuesto algunas metas como resultado del estudio de estos pocos versículos de la Biblia.

*Primero, respecto a mí misma.* Quiero vivir más atenta a mi perspectiva eterna. ¡Este mundo *no* es mi hogar! Por lo tanto, debo luchar contra la tendencia natural de dejarme llevar demasiado por él. Debo recordar que los titulares de los periódicos no son más que un indicador de cómo Dios se mueve en este mundo conforme a su plan. Debo recordar no poner mi corazón en las cosas de este mundo, como las posesiones, las propiedades, o las inversiones, sino en las cosas de arriba, donde está Cristo sentado a la diestra de Dios (Col. 3:1-2). Debo recordar considerar las cosas en su justa medida, y no aferrarme a nada. Debo estar lista, y dispuesta, a moverme en cualquier momento.

*Y segundo, respecto a los demás.* Quiero ser más atenta a mis responsabilidades con el pueblo de Dios. Debo demostrar amor como buena administradora de la multiforme gracia que Dios me ha dado. Él quiere que mi vida y mi amor se dirijan hacia su pueblo, no a este mundo. Su llamado para mí es amar, hospedar, y cuidar de mis hermanos y hermanas en Cristo. Y soy consciente, y siento admiración, por el esfuerzo que supone cumplir con estas tres tareas que Dios me delega. Piensa en lo siguiente: un amor extendido y propagado al máximo, el trabajo que implica hospedar y servir a alguien, y el esfuerzo diligente que supone el uso y desarrollo de un don. Tan solo puedo orar y decir: "Señor, ¡ayúdame, motívame, muéveme, susténtame!".

Sé que, al igual que yo, tú anhelas que tu vida valga, que tu tiempo aquí en la tierra deje huella (especialmente en el ámbito de lo eterno), y que tu vida glorifique a Dios. ¡Gracias, Señor, por mostrarnos *cómo* hacerlo!

Y ahora, Padre, esperamos en ti para recibir tu gracia y tu fortaleza. Amén.

# Lección 20

# Crecer a través del sufrimiento

## 1 Pedro 4:12-19

¿Has notado que "sufrir" es una palabra clave de la epístola de Pedro? En solo 105 versículos (que tiene toda la epístola), la palabra *sufrimiento* aparece unas 15 veces, y aquí en el capítulo 4 Pedro nos dice cómo *debemos* sufrir, y cómo *no* debemos hacerlo. En estos pocos versículos conté tres referencias al *sufrimiento*.

Sin embargo, amiga mía y compañera de peregrinaje, hay un lado positivo del sufrimiento, como muestra Pedro en los siguientes versículos aleccionadores. Es como el hombre que habiendo caminado por una costa escabrosa, golpeada por las olas y empapada por el océano, encuentra luego una playa tranquila de arena. ¿Qué produjo el cambio de una escena húmeda y ruidosa a una tranquila? se preguntó él. Entonces se dio cuenta de que a lo lejos en el mar había una fila de piedras que sobresalían y que sirvieron como barrera natural de las fuertes olas. Pero también se percató de algo más: ¡un desagradable hedor! Sí, debido a la barrera, el agua estaba en calma pero también estaba estancada. De inmediato apretó el paso, prefiriendo la frescura que creaban las violentas olas y el aroma de la salvaje brisa marina. Querida, lo mismo ocurre con el sufrimiento. Puede parecer indeseable, pero trae consigo una pureza y limpieza que hace florecer y crecer cosas mejores. Continúa tu lectura, y busca algunos de los beneficios que el sufrimiento trae a la vida que busca glorificar a Dios.

## *1 Pedro 4:12-19*

12 Amados, no os sorprendáis del fuego de prueba que os ha sobrevenido, como si alguna cosa extraña os aconteciese,

13 sino gozaos por cuanto sois participantes de los padecimientos de Cristo, para que también en la revelación de su gloria os gocéis con gran alegría.

14 Si sois vituperados por el nombre de Cristo, sois bienaventurados, porque el glorioso Espíritu de Dios reposa sobre vosotros. Ciertamente, de parte de ellos, él es blasfemado, pero por vosotros es glorificado.

15 Así que, ninguno de vosotros padezca como homicida, o ladrón, o malhechor, o por entremeterse en lo ajeno;

16 pero si alguno padece como cristiano, no se avergüence, sino glorifique a Dios por ello.

17 Porque es tiempo de que el juicio comience por la casa de Dios; y si primero comienza por nosotros, ¿cuál será el fin de aquellos que no obedecen al evangelio de Dios?

18 Y: Si el justo con dificultad se salva, ¿en dónde aparecerá el impío y el pecador?

<sup>19</sup> De modo que los que padecen según la
voluntad de Dios, encomienden sus almas al
fiel Creador, y hagan el bien.

## El mensaje de Dios...

1. Pedro nos guía en el sofisticado arte del sufrimiento. *Cuando*
viene el sufrimiento, *¿cómo* dice él que debemos considerarlo,
según el versículo 12?

*Cuando* viene el sufrimiento, *¿cómo* dice él que debemos
considerarlo, según el versículo 13?

*Cuando* viene el sufrimiento, *¿cómo* dice él que debemos
considerarlo, según el versículo 14?

*Cuando* viene el sufrimiento, *¿cómo* dice él que debemos
considerarlo, según el versículo 16?

*Cuando* viene el sufrimiento, *¿cómo* dice él que debemos
considerarlo, según el versículo 19?

2. Pedro nos lanza también una advertencia. Como cristianos,
*no* debemos sufrir por las razones siguientes (v. 15):

a.

b.

c.

d.

...sino que debemos sufrir por (v. 19):

3. Un último pensamiento de Pedro: cuando venga el juicio, ¿por dónde empezará (v. 17)?

4. Y, por cierto, ¿qué nos enseña este pasaje acerca de Dios?

## ...*y la respuesta de tu corazón*

• Mira la lista de hechos malos que presenta Pedro (v. 15) y por los que un cristiano nunca debería sufrir. ¿Crees que "entremeterse en los asuntos ajenos" cabe en la lista? ¿Tienes culpa en esto? Si es así, ¿qué piensas hacer al respecto?

• En cuanto al lado negativo del sufrimiento: ¿Has aceptado la verdad de que el sufrimiento *vendrá* con toda certeza? De hecho, el sufrimiento es un hecho en la vida del cristiano. En vez de sorprenderte y pensar que "algo extraño te ha sucedido", ¿cómo aceptarás el sufrimiento como una realidad de esta vida? ¿Qué pasajes de la Biblia te ayudarían más?

• En cuanto al lado positivo del sufrimiento: Pedro nos llama a regocijarnos, a considerarnos *bienaventuradas*, y a comprender que cuando sufrimos de la forma correcta y por los motivos correctos, es algo que *glorifica a Dios*. ¿De qué forma te alientan estos pensamientos para enfrentar tus sufrimientos pasados, presentes y futuros?

## *Reflexión*

En el libro *Esperanza en tiempos de aflicción*, se citan estas palabras de C. S. Lewis acerca del papel del sufrimiento y de las pruebas en nuestra vida. Lewis escribió de las nimiedades y de los "juguetes" que suelen ocuparnos en la vida, hasta que alguna clase de dolor aparece para dar un vuelco a nuestro mundo y volver nuestro enfoque una vez más hacia lo alto. Él escribe:

Al principio me siento abrumado, y todas mis pequeñas alegrías parecen juguetes rotos. Luego, lentamente y a pesar mío, muy poco a poco, trato de volver a mi esquema de pensamiento que debería tener en todo tiempo. Traigo a mi memoria el hecho de que el propósito de todos estos juguetes nunca ha sido poseer mi corazón, que mi verdadero bien está en otro mundo, y mi único tesoro verdadero es Cristo. Y quizás, por la gracia de Dios, lo logre, y por un día o dos me convierta, de manera consciente, en una criatura dependiente de Dios que obtiene su fortaleza de las fuentes correctas. Pero en el instante en que la amenaza desaparece, mi naturaleza entera se vuelca de nuevo a los juguetes.[27]

Amada, ¡gracias a Dios que tú puedes estar agradecida por el sufrimiento en tu vida! ¡Y cuídate de las nimiedades y de los "juguetes"!

# Lección 21

# Unirse a "la orden de la toalla"

## 1 Pedro 5:1-5

Mi esposo Jim ha sido reservista del ejército de los Estados Unidos durante 35 años. Como esposa suya, he sido testigo de su riguroso entrenamiento, tanto físico como mental. Como reservista, Jim debe asistir a un entrenamiento mensual, presentar exámenes físicos cuatro veces al año, ser probado en el campo de batalla y en el polígono de tiro anualmente, y recibir una formación continua como oficial farmacéutico. El objetivo del ejército es tener hombres y mujeres bien entrenados que estén en buena forma, que acaten las órdenes, y que trabajen juntos para lograr cualquier trabajo y ganar cualquier combate. Cada soldado se capacita de forma individual y es entrenado para recibir órdenes de otros.

Los destinatarios de la carta de Pedro enfrentaban la oposición desde afuera. La sombra del sufrimiento estaba rodeando sus filas. Aún así, Pedro sabía que cada uno debía conocer y cumplir sus deberes y su posición a fin de que la iglesia de Cristo pudiera permanecer junta en la batalla espiritual.

Escucha cómo Pedro (no un general, sino un pastor) nos instruye.

*1 Pedro 5:1-5*

¹ Ruego a los ancianos que están entre vosotros, yo anciano también con ellos, y testigo de los padecimientos de Cristo, que soy también participante de la gloria que será revelada:

² Apacentad la grey de Dios que está entre vosotros, cuidando de ella, no por fuerza, sino voluntariamente; no por ganancia deshonesta, sino con ánimo pronto;

³ no como teniendo señorío sobre los que están a vuestro cuidado, sino siendo ejemplos de la grey.

⁴ Y cuando aparezca el Príncipe de los pastores, vosotros recibiréis la corona incorruptible de gloria.

⁵ Igualmente, jóvenes, estad sujetos a los ancianos; y todos, sumisos unos a otros, revestíos de humildad; porque: Dios resiste a los soberbios, y da gracia a los humildes.

## El mensaje de Dios...

1. ¿Cómo se describe Pedro a sí mismo (v. 1)?

a.

b.

c.

2. Nombra el primer grupo al que Pedro se dirige en estos versículos (v. 1):

¿Cuál es su exhortación para ellos (v. 2)?

¿Cómo debían llevarlo a cabo (vv. 2-3)?

a. No _____ sino _____

b. No _____ sino _____

c. No _____ sino _____

¿Cuál sería su recompensa por cumplir con fidelidad estas instrucciones (v. 4)?

3. Nombra el segundo grupo al que Pedro se dirige en estos versículos (v. 5):

¿Cuál es su exhortación para ellos?

¿Qué razones da él para prestar atención a estos dos consejos?

a. Dios _____ al orgulloso.

b. Dios _____ al humilde.

4. ¿Qué nos enseña este pasaje acerca de Dios?

## *...y la respuesta de tu corazón*

• Tres grupos de personas, y ninguno queda excluido de las instrucciones de Pedro. ¿A qué grupo perteneces tú, querida? (¡Ten cuidado, esta es una pregunta delicada!).

• Una vez más, observa el consejo de Pedro a los que están en liderazgo. Aunque no tengas una posición con un título como "anciano", "obispo" o "presbítero" en tu iglesia, tal vez sirvas en un comité o como líder de un grupo. ¿Cómo puedes y deberías liderar según el consejo y las razones de Pedro?

• Mira de nuevo el consejo de Pedro para aquellos a quienes denomina "jóvenes". ¿Cómo puedes seguir mejor su consejo en este aspecto?

• Y por último, Pedro nos exhorta a "todos" a sujetarnos unos a otros, a revestirnos de humildad. ¿Cómo puedes mejorar en estas dos importantes conductas?

• ¿Cómo te afecta el hecho de que Dios resiste al orgulloso pero da gracia al humilde? ¿Has pensado en alguna forma como podrías hacer menguar el orgullo y desarrollar humildad?

## *Reflexión*

Sí, Pedro tiene una palabra de instrucción para cada una de nosotras:

*Los líderes* deben seguir liderando incluso en los tiempos difíciles. No deben renunciar ni darse por vencidos. Deben mantenerse fieles, devotos y consagrados. Como dijo el líder misionero C. T. Studd: "A veces siento… que mi cruz es demasiado pesada para soportar… mi corazón parece herido y gastado sin cura posible, y muchas veces deseo que se termine mi profunda soledad, pero Dios sabe más que yo, y yo quiero hacer hasta el último esfuerzo por cumplir la tarea que me ha encomendado".[28] Los hombres y las mujeres de este calibre siguen adelante y perseveran.

*Los santos más jóvenes* deben someterse voluntariamente a aquellos que están en el liderazgo.

*Todos* debemos estar dispuestos a someternos unos a otros y a "revestirnos" de humildad. La expresión que Pedro usa aquí viene de una palabra poco común que describe a un siervo poniéndose un delantal antes de servir a las personas de una casa. (Tal vez Pedro rememoraba la escena de Juan 13:4-5 en el aposento alto, donde Jesús tomó una toalla, se la ciñó, y empezó a lavar los pies de los discípulos). Como lo expresó el maestro y escritor Jill Briscoe, debemos unirnos a "la orden de la toalla".

Así pues, siendo que como cristianos debemos alimentar una mente modesta y ceñirnos de humildad como de un vestido, te dejo algunos apuntes prácticos de mi pastor: "Humillarse requiere: 1) mucha oración; 2) resistir al máximo la alabanza; 3) mucha confesión de pecados; y 4) gran confianza en un Dios que se interesa por nosotros".[29]

# Lección 22

# Alcanzar la victoria

Como había previsto, fue emocionante encontrar en esta lección tres temas de interés vital para el cristiano que se esfuerza por tener la vida victoriosa que podemos tener por medio de Cristo. La victoria es nuestra cuando entendemos a nuestro Amo, a nuestro enemigo, y a nuestros hermanos.

*Primero,* ¿qué clase de Amo tienes, querida? Es poderoso, y se interesa por ti. Puedes contar con Él. Nunca hay razón para temer o desesperarse.

*Segundo,* ¿qué clase de enemigo tienes? Es peligroso, y anda al acecho. ¡Debes tener cuidado! ¡Nunca bajes la guardia!

*Tercero,* ¿qué hay de tus hermanos? Ellos también están sufriendo en todos los rincones del mundo. Debes orar por ellos. Nunca estás sola en tu sufrimiento.

¡Cuánto consuelo podemos recibir de estas verdades, amiga mía! Cuando hacemos frente a nuestros enemigos y soportamos el maltrato y la incomprensión, podemos *mirar a* Dios, estar *vigilantes* ante el diablo, y *fijarnos* con interés en los sufrimientos de nuestros hermanos y hermanas.

Y ahora, esto leemos de la pluma de Pedro...

## 1 Pedro 5:6-9

⁶ Humillaos, pues, bajo la poderosa mano de Dios, para que él os exalte cuando fuere tiempo;

⁷ echando toda vuestra ansiedad sobre él, porque él tiene cuidado de vosotros.

⁸ Sed sobrios, y velad; porque vuestro adversario el diablo, como león rugiente, anda alrededor buscando a quien devorar;

⁹ al cual resistid firmes en la fe, sabiendo que los mismos padecimientos se van cumpliendo en vuestros hermanos en todo el mundo.

## El mensaje de Dios...

1. Una buena comunicación y un buen reportaje periodístico siempre incluyen respuestas a los interrogantes de *quién, qué, dónde, cuándo, por qué* y *cómo*. Y en este pasaje veremos que Pedro nos escribe incluyendo cada unos de ellos. Completa tú misma la información a medida que lees el pasaje bíblico.

¿De quién se habla en el versículo 6?

¿Qué mandato recibimos en relación con él?

¿Por qué?

¿Cuándo ocurrirá esto?

¿Qué más debemos hacer (v. 7)?

¿En qué medida?

¿Por qué?

2. Según el mismo criterio interrogativo de un buen reportaje...

¿De quién se habla en el versículo 8?

¿Cuáles son los dos mandatos que recibimos en relación con él?

a.

b.

En una palabra ¿cómo lo describe Pedro (v. 8)?

¿Qué ilustración emplea Pedro (v. 8)?

¿Qué hace él continuamente (v. 8)?

¿Qué acción nos aconseja Pedro tomar (v. 9)?

¿Qué consuelo nos ofrece Pedro?

3. ¿Qué nos enseña este pasaje de las Escrituras acerca de Dios?

## ...*y la respuesta de tu corazón*

* A manera de revisión, nos será provechoso recordar el curso del pasaje de Pedro:

  ✓ Los versículos 1-4 instruyen a los *líderes* acerca de lo que deben hacer en tiempos de sufrimiento: deben seguir liderando.

  ✓ El versículo 5 instruye a los *jóvenes* y, de paso, a *todos* nosotros, acerca de nuestro papel durante los tiempos de sufrimiento: debemos sujetarnos a nuestros líderes y someternos unos a otros.

  ✓ Los versículos 1-5 ilustran la actitud particular que debemos tener hacia *otros cristianos* en tiempos de sufrimiento: una actitud de humilde sumisión.

  ✓ Los versículos 6-7 ilustran la actitud que debemos tener hacia *Dios* en tiempos de sufrimiento: también una actitud de humilde sumisión.

  ✓ Los versículos 8-9 ilustran la actitud que debemos tener hacia *el diablo* en tiempos de sufrimiento: una actitud de resistencia intencionada.

* Cuando piensas en tu vida, y quizás en tu propio sufrimiento, ¿cómo te ayuda a encarar tus dificultades la promesa acerca de Dios en el versículo 7?

* Cuando piensas en tu vida, y tal vez en tus propias luchas, ¿cómo te motivan las verdades del versículo 8 acerca del diablo para ser "sobria" y "velar"?

¿Cómo vas a "resistir" al diablo y permanecer "firme en la fe"?

Querida, nunca estamos solas en nuestro sufrimiento. Y nunca somos las únicas que sufrimos. Como Pedro nos recuerda, cada hermano y hermana en Cristo alrededor del mundo está experimentando "los mismos padecimientos" que tú y yo. ¿Cómo puedes ampliar tu vida de oración para incluir a otros santos que sufren?

## Reflexión

En nuestra lección anterior hablé de los deberes de mi esposo como reservista del ejército de los Estados Unidos. Vimos que ningún ejército logra cumplir su cometido sin la cooperación, la obediencia, y la responsabilidad de sus soldados. En esta lección aprendimos otro principio para alcanzar la victoria: ningún ejército gana jamás una batalla ignorando al enemigo.

Amada, nos guste o no, los cristianos hemos sido comparados siempre con soldados, y la batalla que libramos contra el pecado y contra el mal se compara con la guerra. Para obtener la victoria a la cual Dios nos llama necesitamos su ayuda, y también motivación, entrenamiento, disciplina, y perseverancia. La victoria también exige que estemos unidos y que seamos decididos. La unidad se logra cuando nos sometemos unos a otros, y la determinación se manifiesta cuando resistimos al diablo y las fuerzas del mal. Para que tú y yo podamos cumplir nuestra responsabilidad como guerreras, debemos ser dinámicas en nuestro avance por la causa de Cristo, tanto individual (resistiendo al diablo) como colectivamente (sometiéndonos unos a otros).

¿Vives en sumisión a quienes están en autoridad?

¿Resistes de forma activa a tu enemigo y adversario el diablo?

Estas dos acciones nacen de la actitud del corazón, y hacen posible la obra de Dios en el Cuerpo de Cristo y en contra de las fuerzas de Satanás. Así nos lo recuerda el conocido himno "Firmes y adelante":

Nuestra es la victoria,
Dad a Dios loor;
Y óigalo el averno
Lleno de pavor.[30]

# *L*ección 23

# Avivar la llama de la fe

## 1 Pedro 5:10-11

"*D*el sufrimiento surgen almas de mayor fortaleza; las cicatrices sellan el carácter de mayor firmeza".[31] ¿Qué creyente no anhelaría (y pediría) tener un alma fuerte y un carácter firme? Sin embargo, amiga mía, estas nobles cualidades son muchas veces el fruto del sufrimiento. El sufrimiento lastima. El dolor es desagradable. La persecución es indeseable. Y aún así somos conscientes de los asombrosos resultados positivos que producen el fuego y la llama del sufrimiento.

A medida que avanzas en esta importante lección acerca del sufrimiento, y que aprendes de Pedro los efectos positivos del sufrimiento, ten presente que el sufrimiento puede dejarnos un "recuerdo", una bendición. ¿Por qué entonces no eliges crecer en fe cuando estás frente al sufrimiento? A este respecto, Adoniram Judson, el gran misionero pionero en Burma escribió a otro: "Puedo asegurarte que te esperan meses y meses de angustia desgarradora, lo quieras o no. Aún así, toma la copa amarga con ambas manos, y siéntate a saborear. Pronto descubrirás el secreto de que hay dulzura en el fondo".[32]

Contemplemos al Señor y su alentador mensaje que nos envía por medio de Pedro acerca de las múltiples bondades del sufrimiento. Para cuando hayas terminado, creo que estarás de acuerdo en que el sufrimiento definitivamente aviva la llama de la fe.

*1 Pedro 5:10-11*

10 Mas el Dios de toda gracia, que nos llamó a su gloria eterna en Jesucristo, después que hayáis padecido un poco de tiempo, él mismo os perfeccione, afirme, fortalezca y establezca.

11 A él sea la gloria y el imperio por los siglos de los siglos. Amén.

## El mensaje de Dios...

1. Amiga mía, he aquí un pasaje que habla acerca de la vida (¿cuándo?) _____ hayas padecido (v. 10).

Pedro repite de nuevo la perspectiva divina (en 1 P. 1:6 está la primera mención) acerca de la duración de nuestro sufrimiento. ¿Cuánto durará (v. 10)?

2. ¿Cómo se refiere Pedro a Dios (v. 10)?

¿Qué ha hecho Dios por ti (v. 10)?

3. Si tienes un diccionario a mano, busca los siguientes *verbos* del versículo 10 y escribe tu propia definición breve. (Si no dispones de diccionario, escribe tu propia definición de lo que crees que significan estas conocidas palabras).

Perfeccionar

Afirmar

Fortalecer

Establecer

4. Pedro termina estos versículos reconociendo que Dios es la fuente constante de aliento y confianza (v. 11):

A Él sea _____.

5. ¿Qué nos enseña este pasaje acerca de Dios?

## ...*y la respuesta de tu corazón*

- Después de cinco capítulos de instrucciones a los cristianos que sufrían, y después de aconsejarles en detalle acerca de sus padecimientos, ¿cómo corona Pedro su carta en estos dos poderosos versículos? ¿Cuál es el tono? ¿Cuál es su mensaje?

- Ya hemos hablado en esta lección acerca de "los efectos positivos del sufrimiento". Sin embargo, a punto de concluir el tratado de Pedro acerca del sufrimiento, considera algunos más, también invaluables:

✓ Seremos capaces de sobreponernos al sufrimiento. Pedro usa la pequeña palabra *después*.

✓ Nuestro sufrimiento es breve, solo dura *un poco de tiempo*.

✓ El *Dios de toda gracia* nos fortalecerá mientras dure el sufrimiento.

✓ El sufrimiento nos *perfecciona*. Este es un término médico que significa "soldar una fractura, reparar, corregir, restaurar". Nuestro sufrimiento nos hará mejores, nos madurará, y hará de nosotras grandes mujeres de fe. Tengo en mi biblioteca un libro titulado *The Hidden Art of Greatness* [El arte secreto de la grandeza].[33] Y es cierto, querida, que en lo que respecta a la madurez espiritual, el precio secreto que se paga por la grandeza es el sufrimiento. Se ha dicho que "Dios prepara a los grandes hombres (¡y mujeres!) por medio de las grandes pruebas".[34]

✓ El sufrimiento nos *afirma*. Esto significa que nos hace tan firmes y resistentes como el granito. Como explica William Barclay, el sufrimiento puede tener dos efectos en una persona:

> *El* sufrimiento corporal y las penas del corazón producen dos efectos en un hombre: o lo derrumban, o lo dejan con una firmeza en su carácter que de otra manera habría sido imposible alcanzar. Sí él los afronta con una confianza inquebrantable en Cristo, saldrá como acero resistente que ha sido templado en el fuego.[35]
>
> —William Barclay

✓ El sufrimiento nos *fortalece*. ¿Quieres ser revestida de poder, amiga mía? Bien, de eso trata este efecto positivo del sufrimiento. Es el sufrimiento lo que te prepara y te capacita para el servicio a Cristo, y lo que te llena de fortaleza para seguir. Es inevitable deleitarnos con las bellas palabras de William Barclay que explica de nuevo: "El viento apaga una llama débil, pero aviva una llama fuerte hasta convertirla en fuerte llamarada".[36]

✓ El sufrimiento nos *establece*. Amada, ¿estás anclada en un fundamento? Esto es lo que el sufrimiento hará con tu fe. Así lo expone también Barclay: "Cuando tenemos que enfrentar el dolor y el sufrimiento somos conducidos a los cimientos mismos de la fe. Es ahí donde descubrimos lo que es inconmovible. Es en la dificultad cuando descubrimos las grandes verdades sobre las cuales se fundamenta la vida real".[37]

¿Cómo crees que las verdades en estos dos versículos tocaron la vida de sus destinatarios originales?

¿Cómo crees que tocan tu vida cuando consideras algún sufrimiento tuyo presente o futuro?

## *Reflexión*

¡Ay, la gracia de Dios! Como alguien dijo: "La gracia es amor infinito que se expresa en infinita bondad".[38] Aquí, en solo 46 palabras, aprendemos un montón de verdades acerca del océano infinito de la gracia de nuestro Dios. Él es el Dios *de* toda gracia, quien *por* su gracia nos ha llamado a su gloria eterna por Jesucristo, quien *en* su gracia nos perfecciona, afirma, fortalece y establece. Compañera de sufrimientos, su gracia es *siempre* suficiente, *siempre* basta, *siempre* está disponible cuando la necesitamos, y es *siempre* todo lo que requerimos de ella.

"El Dios de toda gracia": este título, bello en extremo, corresponde a nuestro Padre celestial. Él tiene…

—Gracia que justifica a todos los creyentes,
—Gracia que ilumina a todo el que le busca,
—Gracia que consuela al que está afligido,
—Gracia que fortalece al débil,
—Gracia que santifica al que está en pecado,
—Gracia que vivifica al peregrino, y
—Gracia que conduce hasta el final del camino.[39]

Amada, presenta tus necesidades al Señor, y descubre la gracia de Dios que en verdad responde a la perfección a cada prueba y a cada pesar.

# Lección 24

# Vivir en paz

## 1 Pedro 5:12-14

Como escritora, sé que el final es lo más difícil de lograr. Terminar cada capítulo es un desafío, ¡pero terminar un libro me parece lo más difícil a la hora de escribir! ¿Por qué? Porque quiero un final contundente, sin olvidar animar a mis lectoras. Quiero abarcar una gran cantidad de información, pero también ser breve. Me encanta apasionarme con el tema principal del libro, pero tratarlo de manera sucinta, directa, y yendo al grano. Me gusta dejar a mis lectoras pensativas (acerca de sus vidas, de su futuro, del mensaje, y de Dios), y a la vez motivarlas a poner en práctica las verdades que han aprendido. Sí, ¡terminar un libro puede requerir semanas de trabajo!

Bien, querida, Pedro enfrentó el mismo dilema cuando tuvo que soltar la pluma. Es probable que Pedro no conociera en ese momento a los destinatarios de su carta, y que nunca los hubiera conocido. Pero siendo conocedor de sus luchas, y un pastor de corazón (1 P. 5:2), Pedro escribió. No podía comunicar personalmente el estímulo que ellos necesitaban, pero podía escribirles. Sí, es posible que Pedro concluyera su epístola con dolor y con oración.

Además, era indudable que el tema que trataba, el sufrimiento por hacer lo recto, era algo que conocía extremadamente bien. Como sabes, él había sido testigo, cercano y personal, de los sufrimientos de su amigo y Salvador. Él estuvo en primera fila, por así decirlo. Él conoció todo acerca de la cruz, del acoso de las multitudes, de los gobernantes violentos, de las filas de soldados armados, del brutal juicio, y de la cruz. Dios había elegido ciertamente a la persona idónea para enseñar a otros que estaban padeciendo por hacer lo bueno. Y ahora debe concluir su mensaje. Toma nota detallada, amiga mía, de cómo lo hace.

## *1 Pedro 5:12-14*

12 Por conducto de Silvano, a quien tengo por hermano fiel, os he escrito brevemente, amonestándoos, y testificando que ésta es la verdadera gracia de Dios, en la cual estáis.

13 La iglesia que está en Babilonia, elegida juntamente con vosotros, y Marcos mi hijo, os saludan.

14 Saludaos unos a otros con ósculo de amor. Paz sea con todos vosotros los que estáis en Jesucristo. Amén.

## *El mensaje de Dios...*

1. Pedro está finalizando su carta. Se está despidiendo. Y al hacerlo, menciona nombres.

¿Quién ayudó a Pedro a escribir esta epístola (v. 12)?

¿Cómo se refiere a él (v. 12)?

132 Cultiva un espíritu afable y apacible

Un breve comentario: Silvano, o Silas, era un fiel y probado siervo de la iglesia y de los apóstoles. Su trayectoria era larga e intachable. Silvano fue escogido para llevar la carta del consejo de Jerusalén a la iglesia en Antioquía (Hch. 15:11), había acompañado a Pablo en su segundo viaje misionero (Hch. 15:40—18:11), había ayudado a Pablo a escribir sus cartas a los tesalonicenses, y había servido con Timoteo en Corinto (2 Co. 1:19). ¡Indiscutiblemente alguien digno de imitar!

¿Qué frase describe a la segunda "persona" (v. 13)?

¿Qué otra persona se nombra (v. 13)?

¿Cómo se refiere Pedro a ella (v. 13)?

Otro comentario: Este joven, que nunca había oído ni seguido a Jesús, finalmente escribió su propio relato del evangelio, considerado por muchos eruditos como el "relato de Pedro". Él sólo había oído lo que contó Pedro acerca del Salvador y los detalles de su vida, los cuales rememoró y comunicó.

2. ¿Qué doble propósito tenía Pedro en mente para esta carta (v. 12)?

¿Cuál es la última palabra de consejo para sus amigos, y para nosotras (v. 12)?

¿Cúal es el tono de las últimas palabras de Pedro (v. 14)?

3. ¿Qué nos enseñan estos versículos acerca de Dios?

# ...*y la respuesta de tu corazón*

* En pocas palabras ¿qué logra este pasaje de Pedro?

* Querida, ¿crees que puedes afrontar un poco mejor la vida después de haber estudiado la vehemente carta de Pedro acerca del sufrimiento? ¿Cómo puedes tener presente la exhortación de Pedro a "permanecer" firme incluso en medio del sufrimiento?

## *Reflexión*

Amada, la última palabra de Pedro para nosotras es de paz. Mientras escribía mi libro *A Woman's Walk with God—Growing in the Fruit of the Spirit*[40] [La mujer que camina con Dios: abundar en el fruto del Espíritu], aprendí que hay dos clases de paz necesarias en la vida, y las dos están a nuestra disposición por medio de Dios y en Él: la *paz personal* y la *paz interpersonal*. Sé que comprendes la necesidad de paz interpersonal. Todas hemos enfrentado situaciones de conflicto y premeditación. Con frecuencia, nuestro sufrimiento viene de manos de otros (de ahí la necesidad de paz interpersonal), lo cual puede inclinarnos a ceder a la contienda y la pelea (de ahí la urgencia de paz personal). Gracias a Dios que nos da su paz, la paz interpersonal, por medio de su Santo Espíritu. Y por eso, Pedro concluye: "Paz sea con todos vosotros los que estáis en Jesucristo".

Y luego está el aspecto de la *paz personal*, que necesitamos con urgencia para enfrentar el terror, el miedo, el pánico, la angustia, la duda, y la inquietud espiritual. Y sabemos a partir de nuestro estudio de 1 Pedro que los lectores de Pedro afrontaban todo esto. Y aún así, Pedro les dice al final y con calma: "Paz sea con todos vosotros los que estáis en Jesucristo".

Por tanto, Pedro concluye su vehemente epístola con este singular recordatorio, una sola palabra: "Paz". ¿Cómo podemos tú y yo buscar y asegurar la paz de Dios en nuestra vida diaria?

Deja el *pánico*, y en cambio
descansa en la *presencia* de Dios.
Deja el *terror*, y en cambio
*confía* en la sabiduría y los caminos de Dios.
Deja el *temor*, y en cambio
acepta los *designios* de Dios.
Deja el *nerviosismo*, y en cambio
*reconoce* que Dios tiene todo bajo control.

Pedro había estado presente cuando el Salvador dijo: "La paz os dejo, mi paz os doy; yo no os la doy como el mundo la da. No se turbe vuestro corazón, ni tenga miedo" (Jn. 14:27). Y ahora Pedro nos transmite la esencia misma de las últimas palabras que en tono personal dirigió Jesús a él y a los otros discípulos preparándolos para el sufrimiento que les esperaba: "Paz sea con todos vosotros los que estáis en Jesucristo. Amén".

# Lección 25

## Cultivar un espíritu afable y apacible

**Resumen**

Dedica unos minutos a revisar cada capítulo de 1 Pedro. Anota aquí tus ideas personales acerca de estos temas y cómo se relaciona cada uno con un espíritu afable y apacible.

*Capítulo 1. Nuestra salvación.*

*Capítulo 2. Nuestro Salvador.*

*Capítulo 3. Nuestro sufrimiento.*

*Capítulo 4. Nuestra actividad durante el sufrimiento.*

*Capítulo 5. Nuestro fin después del sufrimiento.*

"Paz sea con todos vosotros los que
estáis en Jesucristo. Amén".

# Cómo estudiar la Biblia
## Algunas sugerencias prácticas

*Jim George, Th.M.*

Una de las búsquedas más nobles que un hijo de Dios puede emprender es llegar a conocer y entender mejor a Dios. La mejor forma de lograrlo es mirar atentamente el libro que Él ha escrito, la Biblia, que comunica lo que Él es y su plan para la humanidad. Si bien existen diversas maneras de cómo podemos estudiar la Biblia, una de las técnicas más fáciles y eficaces para leer y comprender la Palabra de Dios incluye tres pasos sencillos:

• Primer paso. Observación: *¿Qué dice el pasaje?*

• Segundo paso. Interpretación: *¿Qué significa el pasaje?*

• Tercer paso. Aplicación: *¿Qué haré al respecto de lo que el pasaje dice y significa?*

**La observación** es el primer y más importante paso en el proceso. Cuando leas el texto bíblico, debes *mirar* con atención lo que dice y cómo lo dice. Busca:

• *Términos, no palabras.* Las palabras pueden tener muchos significados, pero los términos son palabras usadas de manera específica en un contexto específico. (Por ejemplo, la palabra *tronco* podría aplicarse a un árbol o una parte del cuerpo. Sin embargo, cuando lees "ese árbol tiene un tronco muy largo", sabes con exactitud lo que la palabra significa, y eso la convierte en un término).

• *Estructura.* Si buscas en tu Biblia, verás que el texto tiene unidades llamadas *párrafos* (marcados o sangrados). Un párrafo es una unidad completa de pensamiento. Puedes descubrir el contenido del mensaje del autor si observas y comprendes cada párrafo.

• *Énfasis.* La cantidad de espacio o el número de capítulos o versículos dedicados a un tema específico revelará la importancia del mismo (por ejemplo, nota el énfasis de Romanos 9-11 y del Salmo 119).

• *Repetición.* Esta es otra manera en que el autor demuestra que algo es importante. Una lectura de 1 Corintios 13, donde en apenas 13 versículos el autor usa nueve veces la palabra "amor", nos hace saber que el amor es el punto central del texto.

• *Relación entre las ideas.* Presta mucha atención, por ejemplo, a ciertas relaciones que aparecen en el texto:

— Causa y efecto: "Bien, buen siervo y fiel; sobre poco has sido fiel, sobre mucho te pondré; entra en el gozo de tu señor" (Mt. 25:21).

— Si y entonces: "si se humillare mi pueblo, sobre el cual mi nombre es invocado, y oraren, y buscaren mi rostro, y se convirtieren de sus malos caminos; entonces yo oiré desde los cielos, y perdonaré sus pecados, y sanaré su tierra" (2 Cr. 7:14).

— Preguntas y respuestas: "¿Quién es este Rey de gloria? Jehová el fuerte y valiente" (Sal. 24:8).

• *Comparaciones y contrastes.* Por ejemplo: "Oísteis que fue dicho a los antiguos... pero yo os digo..." (Mt. 5:21).

• *Estilos literarios.* La Biblia es literatura, y los tres tipos principales de literatura bíblica son el discurso (las epístolas), la prosa (la historia del Antiguo Testamento), y la poesía (los Salmos). Es muy útil tener en cuenta la forma literaria a la hora de leer e interpretar las Escrituras.

• *Ambiente.* El autor tenía una razón o una carga particular para escribir cada pasaje, capítulo y libro. Asegúrate de captar el ánimo, el tono o la urgencia con la que escribió.

Después de considerar estos aspectos, estarás lista para plantear las preguntas clave:

*¿Quién?* ¿Quiénes son las personas que menciona este pasaje?

*¿Qué?* ¿Qué sucede en este pasaje?

*¿Dónde?* ¿Dónde tiene lugar esta historia?

*¿Cuándo?* ¿En qué momento (del día, del año, de la historia) sucede esto?

Formular estas cuatro preguntas clave puede ayudarte a extraer los términos e identificar el ambiente. Las respuestas también te ayudarán a usar tu imaginación para recrear la escena acerca de la cual estás leyendo.

Cuando te hagas estas preguntas e imagines el suceso, tal vez surjan nuevas preguntas de tu propia iniciativa. Hacer esas preguntas adicionales para la comprensión facilitará la construcción de un puente entre la observación (el primer paso) y la interpretación (el segundo paso) del proceso de estudio bíblico.

**La interpretación** es descubrir el significado de un pasaje, la idea o el pensamiento principal del autor. Responder las preguntas que surgen durante la observación te ayudará en el proceso de interpretar. Hay cinco pistas que pueden ayudarte a determinar cuáles son los puntos principales del autor:

• *Contexto.* Cuando lees el texto, puedes responder el 75% de tus preguntas acerca de un pasaje. Cuando se lee un pasaje se observa el contexto inmediato (el versículo anterior y el siguiente) y el más amplio (el párrafo o el capítulo que precede o sigue al pasaje que estudias).

• *Referencias cruzadas.* Deja que las Escrituras se interpreten a sí mismas. Es decir, que otros pasajes bíblicos arrojen luz sobre el pasaje que estudias. Al mismo tiempo, ten cuidado de no dar por sentado que una misma palabra o frase significa lo mismo en dos pasajes diferentes.

- *Cultura*. Puesto que se escribió hace mucho tiempo, debemos entender la Biblia, a la hora de interpretarla, desde el contexto cultural del autor.

- *Conclusión*. Después de responder tus preguntas para comprender el pasaje a través del contexto, de las referencias cruzadas y de la cultura, puedes hacer una declaración preliminar acerca del significado del pasaje. Recuerda que si tu pasaje incluye más de un párrafo, tal vez el autor presente más de un pensamiento o idea.

- *Consulta*. Leer libros como comentarios y obras de eruditos bíblicos puede ayudarte a interpretar las Escrituras.

**La aplicación** es la razón por la cual estudiamos la Biblia: queremos que nuestra vida cambie, ser obedientes a Dios y ser cada vez más como Jesucristo. Después de haber observado un pasaje, y de haberlo interpretado o entendido lo mejor posible según nuestra capacidad, debemos aplicar su verdad a nuestra propia vida.

Será provechoso que te plantees las siguientes preguntas sobre cada pasaje de las Escrituras que estudias:

- ¿Cómo afecta mi relación con Dios la verdad revelada allí?

- ¿Cómo afecta esta verdad mi relación con otros?

- ¿Cómo me afecta a mí esta verdad?

- ¿Cómo afecta esta verdad mi respuesta al enemigo, Satanás?

El paso de la aplicación no termina simplemente respondiendo estas preguntas. La clave es *poner en práctica* lo que Dios te ha enseñado a través de tu estudio. Aunque en un determinado momento podrías no aplicar de manera consciente *todo* lo que has aprendido en el estudio bíblico, sí puedes aplicar *algo*. Y, como hemos visto, cuando te propones aplicar una verdad a tu vida, Dios bendecirá tus esfuerzos transformándote en la semejanza de Jesucristo.

**Materiales bíblicos de utilidad:**
Concordancia: de Tuggy o de Strong
Diccionario bíblico: de Clie, de Caribe o de Holman
*El mundo que Jesús conoció*, Anne Punton
*De qué trata la Biblia*, Henrietta C. Mears
*Nuevo manual bíblico Unger*, Merrill F. Unger
*Auxiliar bíblico Portavoz*
*Nuevo manual de los usos y costumbres de los tiempos bíblicos*,
   Ralph Gower

**Libros sobre estudio bíblico:**
*Cómo leer la Biblia, libro por libro*, Gordon Fee
*La lectura eficaz de la Biblia*, Gordon Fee
*Cómo interpretar la Biblia uno mismo*, Richard Mayhue
*Cómo entender e interpretar la Biblia*, John Phillips

# Cómo dirigir un grupo de estudio bíblico

¡Qué privilegio es dirigir un estudio bíblico! Y qué gozo y emoción te esperan cuando tú escudriñas la Palabra de Dios y ayudas a otros a descubrir sus verdades transformadoras. Si Dios te ha llamado a dirigir un grupo de estudio bíblico, sé que pasarás mucho tiempo en oración, planificando y meditando para ser una líder eficaz. Sé, también, que si dedicas tiempo a leer las sugerencias que te doy podrás enfrentar mejor los desafíos que implica dirigir un grupo de estudio bíblico, y disfrutar del esfuerzo y de la oportunidad.

## Las funciones de la líder

En el transcurso de una sesión descubrirás que tu papel como líder de un grupo de estudio bíblico va cambiando entre las funciones de *experta, animadora, amiga*, y *árbitro*.

Puesto que eres la líder, los miembros del grupo verán en ti la *experta* que las guía en el estudio del material, y por eso debes estar bien preparada. De hecho, prepárate más de lo que se espera, con el fin de que conozcas el material mejor que todos los miembros del grupo. Empieza tu estudio a comienzos de la semana y deja que su mensaje penetre durante toda la semana. (Incluso podrías trabajar varias lecciones por anticipado, para tener en mente el cuadro completo y el enfoque general del estudio). Prepárate para comunicar otras verdades preciosas que las participantes de tu grupo quizás no hayan descubierto por sí mismas. Una meditación adicional que surge de tu estudio personal, un comentario de un sabio maestro o erudito bíblico, un dicho inteligente, una observación aguda de otro creyente, e incluso una broma apropiada, añadirán diversión y evitarán que el estudio bíblico se vuelva rutinario, monótono y árido.

En segundo lugar, debes estar preparada para ser la *animadora* del grupo. Tu energía y entusiasmo hacia la tarea propuesta pueden servir de inspiración. También pueden animar a otras a consagrarse más a su estudio personal y participar en el grupo de estudio.

Tercero, debes ser la *amiga*, aquella que demuestra un interés sincero por los miembros del grupo. Tú eres la persona que creará el ambiente del grupo. Si tú ríes y te diviertes, las participantes también reirán y se divertirán. Si abrazas, ellas abrazarán. Si te interesas, ellas se interesarán. Si compartes, ellas compartirán. Si amas, ellas amarán. Por consiguiente, ora cada día para amar a las mujeres que Dios ha puesto en tu grupo. Pídele que te muestre cómo amarlas con su amor.

Por último, como líder, tendrás que ser *árbitro* en algunas ocasiones. Eso significa que debes cerciorarte de que todas tengan la misma oportunidad de hablar. Es más fácil hacerlo cuando funcionas bajo la suposición de que cada participante tiene un aporte valioso. Confía entonces en lo que el Señor ha enseñado a cada persona durante la semana, y actúa conforme a ese supuesto.

Experta, animadora, amiga, y árbitro son las cuatro funciones de la líder que podrían hacer ver la tarea como algo abrumador. Pero eso no está mal, si es lo que te mantiene de rodillas orando por tu grupo.

## Un buen comienzo

Empezar a tiempo, saludar con entusiasmo a cada persona, y empezar con una oración constituyen un buen principio para el estudio bíblico. Ten presente lo que quieres que ocurra durante la reunión y cerciórate de que se cumplan los objetivos. Ese tipo de orden hace que las participantes se sientan cómodas.

Establece un formato y comunícalo a los miembros del grupo. A las personas les agrada participar en un estudio bíblico que se centra en la Palabra. Procura entonces que la discusión se centre en el tema y anima al grupo a continuar con las preguntas del estudio. Con frecuencia, es difícil evitar desviarse del tema, y aún más difícil controlar la discusión. Por consiguiente, asegúrate de centrarte en las respuestas a las preguntas acerca del pasaje específico. Después de todo, el propósito del grupo es el estudio de la Biblia.

Para terminar, como alguien comentó con acierto: "El crecimiento personal es uno de los resultados de todo grupo pequeño que funciona bien. Este crecimiento se logra cuando las personas reciben el reconocimiento y la aceptación de los demás. Cuanto más respeto, simpatía, confianza mutua y calidez se expresen, más probable será que cada miembro se esfuerce por lograr las metas del grupo. El líder eficaz procurará reforzar los rasgos deseables" (fuente desconocida).

### Doce ideas útiles

Esta es una lista de sugerencias útiles para dirigir un grupo de estudio bíblico:

1. Llega temprano, lista para centrarte por completo en los demás y dar de ti misma. Si tienes que hacer algún preparativo, revisión, reagrupamiento, o una oración de último minuto, hazlo en el auto. No entres de prisa, sin aliento, apurada, tarde, ajustando aún tus planes.

2. Revisa con anticipación el lugar de la reunión. ¿Tienes todo lo necesario… mesas, suficientes sillas, un tablero, himnarios si piensas cantar, café, etcétera?

3. Saluda calurosamente a cada persona por nombre a medida que llega. Después de todo, has orado durante toda la semana por estas mujeres, y cada persona especial debe saber que te alegras de su llegada.

4. Al menos durante las dos o tres primeras reuniones, usa etiquetas con los nombres de las participantes.

5. Empieza a tiempo sin importar lo que pase, ¡incluso si solo ha llegado una persona!

6. Piensa en una declaración de inicio agradable pero firme. Podrías decir: "¡Esta lección fue grandiosa! Empecemos de una vez para que podamos disfrutar todo su contenido!" o "Vamos a orar antes de comenzar nuestra lección".

7. Lee las preguntas, pero no dudes en reformularlas cuando sea necesario. Por ejemplo, en vez de leer un párrafo completo de instrucciones, podrías decir: "La pregunta 1 nos pide mencionar algunas formas en las que Cristo demostró humildad. Margarita, por favor cita una de ellas".

8. Resume o parafrasea las respuestas dadas. Hacerlo mantendrá la discusión centrada en el tema, eliminará las desviaciones del tema, ayudará a evitar o aclarar cualquier malentendido del texto, y a mantener a cada participante atenta a lo que dicen las demás.

9. No te detengas y no añadas tus propias preguntas al tiempo de estudio. Es importante completar las preguntas de la guía del estudio. Si se requiere una respuesta concreta, entonces no tendrás que hacer otro comentario aparte de decir "gracias". Sin embargo, cuando la pregunta pide una opinión o una aplicación (por ejemplo, ¿cómo puede esta verdad ayudar a nuestro matrimonio? O ¿cómo sacas tiempo para tu tiempo devocional?), permite que participen cuantas lo deseen.

10. Anima a cada persona que participa, en especial si el aporte es de carácter personal, difícil de decir, o si viene de una persona muy callada. Haz que todas las que participan se sientan como heroínas, con comentarios como: "Gracias por contarnos de tu experiencia personal", o "Apreciamos mucho lo que Dios te ha enseñado. Gracias por hacernos partícipes de ello".

11. Está atenta a tu reloj, ubica un reloj frente a ti, o considera el uso de un temporizador. Organiza la discusión de tal forma que cumplas con el tiempo que has establecido, en especial si quieres dedicar un tiempo para orar. Detente a la hora señalada incluso si no has terminado la lección. Recuerda que todas han estudiado ya la lección, y que se trata de un repaso.

12. Termina a tiempo. Solo puedes hacer amigas en tu grupo de estudio si terminas a tiempo, e incluso antes. Además, las participantes de tu grupo también tienen actividades programadas en su agenda y que deben atender: recoger a los

niños de la guardería, de la escuela o de la niñera; volver a casa para atender asuntos allí; hacer diligencias; acostarse; o pasar tiempo con sus esposos. ¡Déjalas ir a tiempo!

## Cinco problemas comunes

En cualquier grupo puedes esperar algunos problemas. A continuación encontrarás algunos de los más comunes que pueden surgir, y también algunas soluciones prácticas:

1. *La lección incompleta.* Desde el comienzo establece la norma de que si alguien no ha estudiado la lección, es preferible que no conteste las preguntas en el grupo. Sin embargo, intenta incluir sus respuestas a preguntas sobre opiniones o experiencias. Todas pueden aportar ideas como respuesta a puntos como: "Reflexiona en tus conocimientos acerca del entrenamiento deportivo y espiritual, y luego comenta lo que consideras que son los elementos esenciales para entrenarse en piedad".

2. *El chisme.* La Biblia dice con claridad que el chisme es malo, así que no desearás permitir esto en tu grupo. Establece una norma elevada y estricta diciendo: "No me siento cómoda con esta conversación" o "Señoras, estamos [no estás] chismeando. Sigamos con la lección".

3. *La participante habladora.* Estos son tres escenarios y algunas posibles soluciones para cada uno:

   a. La participante que causa el problema tal vez hable porque ha hecho su tarea y está emocionada por algo que desea comunicar. Quizá también sepa más acerca del tema que las demás y, si le prohíbes hablar, el grupo se perjudicaría.

   **SOLUCIÓN:** Responde diciendo algo como "Sara, haces aportes muy valiosos al grupo. Veamos si podemos escuchar lo que las demás piensan al respecto", o "Sé que Sara puede responder esto, porque ha hecho su tarea a conciencia. ¿Qué tal si otras nos cuentan acerca de su estudio?"

b. La participante podría mostrarse habladora porque no ha hecho su tarea y quiere aportar a la discusión, pero carece de límites.

**SOLUCIÓN:** Desde la primera reunión, fija la norma de que quienes no han realizado su lección no podrán hacer comentarios, excepto en preguntas de opinión o aplicación. Tal vez sea preciso recordar esta norma al principio de cada sesión.

c. La participante habladora quizá desee ser oída a pesar de no tener siempre algo que vale la pena aportar.

**SOLUCIÓN:** Después de varios recordatorios sutiles, habla de manera más directa: "Betty, sé que te gustaría comentar tus ideas, pero demos a otras la oportunidad de hacerlo. Me gustaría oírte más adelante".

4. *La participante callada.* Estos son dos escenarios y sus posibles soluciones:

a. La participante callada quiere aportar pero de alguna forma no logra encontrar la ocasión para hablar.

**SOLUCIÓN:** Ayuda a la participante callada prestando atención a las señales que manifiesta cada vez que desea hablar (moverse al borde de su silla, expresar algo con su mirada, empezar a decir algo, etcétera), y luego podrías decir: "Un momento. Creo que Mariana quiere decir algo". ¡Y no olvides hacerla sentir después como una heroína!

b. La participante callada simplemente no quiere participar.

**SOLUCIÓN:** "Mariana, ¿qué respuesta tienes para la pregunta 2?" o "¿Qué piensas acerca de…?" Por lo general, cuando una persona tímida ha hablado unas pocas veces, se sentirá más confiada y dispuesta a seguir haciéndolo. Tu función es proveer la oportunidad *sin* riesgos de respuestas equivocadas. Sin embargo, en algunas ocasiones habrá una participante que te diga que en realidad prefiere no intervenir. Respeta su posición, pero de vez en cuando pregúntale en privado si se siente lista para aportar a las discusiones del grupo.

De hecho, brinda total libertad a las participantes de aportar o no. En la primera reunión, explica que si alguna prefiere no exponer su respuesta, puede decir "paso" en cualquier momento. Sería útil repetir esta norma al principio de cada sesión grupal.

5. *La respuesta equivocada.* Nunca digas a una participante que su respuesta es errónea, pero tampoco permitas que una respuesta equivocada se pase por alto.

**SOLUCIÓN:** Pregunta si alguien más tiene una respuesta diferente, o formula preguntas adicionales que hagan surgir la respuesta correcta. A medida que las participantes se acercan a ella, puedes decir: "Nos estamos acercando. Sigamos pensando, casi hemos encontrado la respuesta".

### Aprender de la experiencia

Tan pronto como finaliza cada sesión de estudio bíblico, evalúa el tiempo de discusión grupal con esta lista de control. Tal vez también quieras que un miembro del grupo (o un asistente, un aprendiz, o un observador externo) te evalúe de manera periódica.

Que Dios te fortalezca y aliente en tu servicio a otros para que descubran las abundantes y maravillosas verdades que Él ofrece.

# Notas

1. Tomado de Elizabeth George. *A Woman After God's Own Heart* [*Una mujer conforme al corazón de Dios*] (Eugene, OR: Harvest House Publishers 2001), pp. 24-29. Publicado en español por Unilit.
2. Vine, *An Expository Dictionary of New Testament Words* [*Diccionario Expositivo de palabras del Nuevo Testamento*] (Old Tappan, NJ: Fleming H. Revell Company, 1966), pp. 56, 242. Publicado en español por Caribe.
3. Robert Jamieson, A. R. Fausset, y David Brown, *Commentary on the Whole Bible* [*Comentario exegético y explicativo de la Biblia*] (Grand Rapids, MI: Zondervan Publishing House, 1973), p. 1475. Publicado en español por Casa Bautista de Publicaciones.
4. D. L. Moody, *Notes from My Bible and Thoughts from My Library* (Grand Rapids, MI: Baker Book House, 1979), p. 360.
5. A. Naismith, *A Treasury of Notes, Quotes, & Anecdotes* (Grand Rapids, MI: Baker Book House, 1976), p. 211.
6. Matthew Henry, *Commentary on the Whole Bible*—Vol. 6 [*Comentario bíblico Matthew Henry*] (Peabody, MA: Hendrickson Publishers, 1996), p. 812. Publicado en español por Clie.
7. H. D. M. Spence y Joseph S. Exell, *The Pulpit Commentary*—Vol. 22 (Grand Rapids, MI: William B. Eerdmans Publishing Company, 1978), p. 18.
8. Charles F. Pfeiffer y Everett F. Harrison, *The Wycliffe Bible Commentary* [*Comentario bíblico Moody*] (Chicago: Moody Press, 1973), 1993), p. 1946. Publicado en español por Portavoz.
9. Donald Grey Barnhouse, *Let Me Illustrate* (Grand Rapids, MI: Fleming H. Revell, 1994), pp. 161-62.
10. Eleanor L. Dean, *The Speaker's Sourcebook* (Grand Rapids, MI: Zondervan Publishing House, 1977), p. 154.
11. George, *A Woman After God's Own Heart* [*Una mujer conforme al corazón de Dios*], p. 240.
12. Charles R. Swindoll, *Hope in Hurtful Times* [*Esperanza en tiempos de aflicción*] (Fullerton, CA: Insight for Living, 1990), p. 48. Publicado en español por Visión para Vivir.
13. *Life Application Bible Commentary* —1 Peter, 2 Peter, (Wheaton, IL: Tyndale House Publishers, Inc., 1995), p. 72.
14. Mrs. Charles E. Cowman, *Streams in the Desert,* Vol. 1 [*Manantiales en el desierto*] (Grand Rapids, MI: Zondervan Publishing House, 1968), p. 97. Publicado en español por Mundo Hispano.
15. Swindoll, *Hope in Hurtful Times* [*Esperanza en tiempos de aflicción*], p. 56.
16. *Ibíd.*

17. John MacArthur, *The MacArthur Study Bible* [*La Biblia de estudio MacArthur*] (Nashville, TN: Word Publishing, 1997), p. 1944. Publicado en español por Portavoz.
18. Benjamin R. DeJong, ed., *Uncle Ben's Quotebook* (Grand Rapids, MI: Baker Book House, 1977), p. 246.
19. *Life Application Bible* (Wheaton, IL: Tyndale House Publishers, Inc., 1995), p. 1934.
20. Richard W. DeHaan y Henry G. Bosch, eds., *Our Daily Bread Favorites* (Grand Rapids, MI: Zondervan Publishing House, 1971), abril 16.
21. Harry Verploegh, *Oswald Chambers—The Best from All His Books* (Nashville, TN: Oliver-Nelson Books, 1987), pp. 116-17.
22. Richard Halverson, fuente desconocida.
23. M. R. DeHaan and H. G. Bosch, eds., *Bread for Each Day* (Grand Rapids, MI: Zondervan Publishing House, 1980), mayo 26.
24. Charles R. Swindoll, *Hope in Hurtful Times* [*Esperanza en tiempos de aflicción*], p. 82.
25. *Life Application Bible Commentary*, p. 113.
26. Letra y música de John W. Peterson, 1957.
27. Swindoll, *Hope in Hurtful Times* [*Esperanza en tiempos de aflicción*] p. 102, citando a C. S. Lewis, *The Problem of Pain* [*El problema del dolor*] (New York City: Macmillan Co., 1962), p. 106. Publicado en español por Caribe.
28. *World-Shapers —A Treasury of Quotes from Great Missionaries* (Wheaton, IL: Harold Shaw Publishers, 1991), p. 41.
29. John MacArthur, "Fundamental Attitudes for Spiritual Maturity" (grabación de 2/25/90, 1 Pedro 5:5-14).
30. "Firmes y adelante" de J. B. Cabrera y Arthur S. Sullivan.
31. E. H. Chapin, fuente desconocida.
32. *World-Shapers*, p. 118.
33. Ray Beeson y Ranelda Mack Hunsicker, *The Hidden Price of Greatness* (Wheaton, IL: Tyndale House Publishers, Inc., 1991).
34. J. K. Gressett de *Inspiring Quotations —Contemporary & Classical*, compilado por Albert M. Wells, Jr. (Nashville, TN: Thomas Nelson Publishers, 1988), p. 192.
35. William Barclay, *The Letters of James and Peter* [*Santiago y Pedro*] (Philadelphia: The Westminster Press, 1976), p. 273. Publicado en español por Clie.
36. *Ibíd.*, p. 274.
37. *Ibíd.*
38. DeHaan and Bosch, *Bread for Each Day*, enero 17.
39. *Ibíd.*
40. Elizabeth George, *A Woman's Walk with God—Growing in the Fruit of the Spirit* (Eugene, OR: Harevest House Publishers, 2000).

# Bibliografía

Anónimo. *Biblia de bosquejos y sermones: Pedro, Juan, Judas.* Grand Rapids, MI: Portavoz, 2003.

Barbieri, Louis A. *Primera y Segunda Pedro,* Comentario bíblico Portavoz. Grand Rapids, MI: Portavoz, 1981.

Barclay, William. *Santiago y Pedro.* Barcelona: Clie, 1994.

Henry, Matthew. *Comentario bíblico de Matthew Henry.* Barcelona: Clie, 1999.

MacArthur, John. *La Biblia de estudio MacArthur.* Grand Rapids, MI: Portavoz, 2004.

Pfeiffer, Charles F., and Everett F. Harrison. *Comentario bíblico Moody.* Grand Rapids, MI: Portavoz, 1993.

Swindoll, Charles R. *Esperanza en tiempos de aflicción.* Canadá: Visión para Vivir, 2003.

Thomas, W. H. Griffith. *El apóstol Pedro.* Barcelona: Clie, 1984.

¿Estás estresada con tus responsabilidades? ¿En una encrucijada en tu vida? ¿Te preguntas qué hacer con una relación complicada? No adivines sobre tu siguiente paso en la vida. Obtén una visión clara del camino correcto mientras sigues la sabiduría de Dios que se encuentra en el libro de Proverbios. La autora de mayor venta y maestra de la Biblia, Elizabeth George te lleva en un viaje a través de 31 capítulos de Proverbios, que cubren los asuntos más cercanos a tu corazón.

# ¡Descubre las riquezas de la gracia de Dios en tu vida!

La *Biblia de la mujer conforme al corazón de Dios* es una Biblia que te informa e instruye, te inspira y edifica, y te deleita y ayuda cada día. Entre sus herramientas de estudio, la Biblia incluye introducciones a los libros de la Biblia, 172 biografías de las principales mujeres y hombres de la Biblia, 25 artículos de sabiduría y 400 perlas de sabiduría, lecturas devocionales diarias, lecciones para la mujer de hoy y más.

*Disponible en tapa dura y dos ediciones de lujo.*

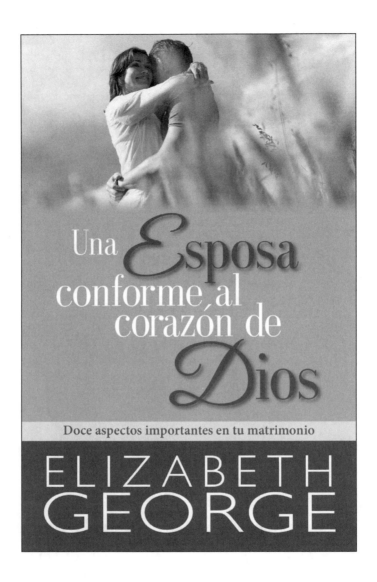

Una **Esposa**
conforme al
corazón de
**Dios**

Doce aspectos importantes en tu matrimonio

ELIZABETH
GEORGE

Doce aspectos importantes para un matrimonio. Elizabeth George explica el secreto de la felicidad conyugal, el diseño de Dios para que una esposa ame a su esposo, aunque tenga defectos. Este libro proporciona valiosas ideas en importantes aspectos del matrimonio. Entre otros explica qué significa ser la ayuda idónea del esposo, y qué es y qué no es la sumisión.

Orar las Escrituras es especialmente poderoso porque estás orando lo que Dios
desea para tu esposo. Al orar así traerás una profunda unidad en tu relación
matrimonial, estarás más consciente de la obra de Dios en la vida de tu esposo
y le dará a él una firme confianza de que estás de su lado. Al acercarte a Dios,
acercarás a tu esposo también. El hábito de pedirle a Dios por dirección en la vida
de tu pareja los animaráy los enriquecerá espiritualmente.

# Un minuto con las Mujeres de la Biblia

### de la Biblia

## ELIZABETH GEORGE

Medita en el tierno amor de Dios por mujeres iguales que tú.

Comienza o termina tu día con estos poderosos recordatorios de un minuto de la obra de Dios en las vidas de las mujeres en la Biblia. A medida que aprendas cómo Dios ha consolado, ayudado y provisto a las mujeres en la Biblia, crecerás cada vez más consciente de Su asombroso amor por ti.

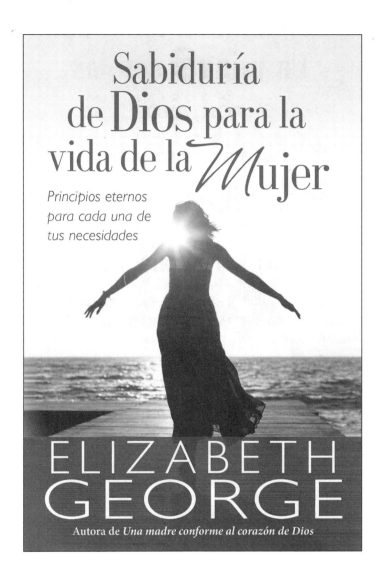

# Sabiduría de Dios para la vida de la Mujer

*Principios eternos para cada una de tus necesidades*

## ELIZABETH GEORGE

Autora de *Una madre conforme al corazón de Dios*

Elizabeth George, autora de éxitos de librería, explica los principios bíblicos que son eternos y de gran relevancia para cada una de las necesidades de una mujer. Trata de la sabiduría de Dios respecto a cosas tales como la vida personal, los hijos, el hogar y el matrimonio.

**EDITORIAL**
**PORTAVOZ**

## NUESTRA VISIÓN

Maximizar el efecto de recursos cristianos de calidad que transforman vidas.

## NUESTRA MISIÓN

Desarrollar y distribuir productos de calidad —con integridad y excelencia—, desde una perspectiva bíblica y confiable, que animen a las personas a conocer y servir a Jesucristo.

## NUESTROS VALORES

*Nuestros valores se encuentran fundamentados en la Biblia, fuente de toda verdad para hoy y para siempre. Nosotros ponemos en práctica estas verdades bíblicas como fundamento para las decisiones, normas y productos de nuestra compañía.*

Valoramos la excelencia y la calidad
Valoramos la integridad y la confianza
Valoramos el mérito y la dignidad de los individuos y las relaciones
Valoramos el servicio
Valoramos la administración de los recursos

Para más información acerca de nuestra editorial y los productos que publicamos visite nuestra página en la red: www.portavoz.com